張家舊事

张允和 口述

叶稚珊 编撰

生活·讀書·新知 三联书店

Copyright © 2014 by SDX Joint Publishing Company.
All Rights Reserved.

本作品版权由生活·读书·新知三联书店所有。
未经许可，不得翻印。

图书在版编目（CIP）数据

张家旧事／张允和口述；叶稚珊编撰．—北京：生活·读书·
新知三联书店，2014.7 （2023.4 重印）
（大家雅音）
ISBN 978-7-108-04802-8

Ⅰ．①张… Ⅱ．①张… ②叶… Ⅲ．①张允和（1909～2002）－家族－介绍
Ⅳ．① K820.9

中国版本图书馆 CIP 数据核字（2013）第 274184 号

责任编辑　王振峰
装帧设计　蔡立国
责任印制　董　欢

出版发行　生活·讀書·新知 三联书店
　　　　　（北京市东城区美术馆东街 22 号 100010）
网　　址　www.sdxjpc.com
经　　销　新华书店
印　　刷　北京隆昌伟业印刷有限公司
版　　次　2014 年 7 月北京第 1 版
　　　　　2023 年 4 月北京第 5 次印刷
开　　本　635 毫米 × 965 毫米　1/16　印张 15.5
字　　数　100 千字　图 95 幅
印　　数　23,001-26,000 册
定　　价　45.00 元

（印装查询：01064002715；邮购查询：01084010542）

目 录

新版小引　汪家明
序　言　　叶稚珊

前话：合肥张家　9
　　附：名留清史的张树声兄弟　14

母亲唯一的照片　19
　　附：我有才能的大大　张元和　23
　　　　我的奶妈同陈干干　张元和　29
　　　　大大和朱干干　张兆和　34
　　　　我的汪干干：老妈　张宇和　36

亲爱的父亲　41
　　附：爸爸轶事　张宇和　50
　　　　回忆爸爸二三事　张寰和　53
　　　　叶至善致张允和信　63

启蒙老师　65

寿宁弄——我们的乐园　69

打泡戏　77

丑死了　83
　　附：儿时杂忆　张兆和　85
　　　　我到苏州来　张兆和　90

乐益女中　95
　　附：游镇江北固山　105

女大学生三部曲　107

结婚前后　117

儿子和《书的故事》　126
　　附：译者序言　130

难途有寄　133
　　附：祭　坟　周耀平　143
　　　　妹　妹　周小平　144
　　　　周有光给四妹充和信　145

六兄弟　149

姊妹情长　153
　　附：二姐同我　张充和　178
　　　　从"盘夫"到"惊变"……"埋玉"　张元和　183

共襄《水》事　187
　　附：《水》的约稿信　189
　　　　我的窦舅舅　沈虎雏　191

绕地球一周　195

我是老虎　*201*

叶落京城　*211*

我与曲会　*217*

后　话　*233*
后　记　叶稚珊　*235*
张允和年谱简编　*240*

新版小引

汪家明

打开这本书,就打开了一段难忘的记忆。封面后的第一页上,有张允和、周有光、张中行、丁聪、叶至善、黄宗江、范用、姜德明、徐城北、叶稚珊、李辉的签名,是山东画报版《张家旧事》1999年6月出书后,7月18日在北京三联韬奋图书中心开座谈会时,嘉宾的签名。三联书店此前出版了张允和的《最后的闺秀》,两本书就一起作为座谈的话题。那天张允和因感冒未到,她和周有光的签名是10月10日补的。如今签名人中,一多半已经仙逝了。到会的还有叶至善的妹妹叶至美、丁聪的夫人沈峻、李辉的夫人应红以及三联书店董秀玉、杨进、苏林,民盟的张冠生夫妇也在。张中行与张允和同庚,记得他发言时开玩笑说:"我和她同年,来参加她的座谈会,她却充大!"

这本书来得偶然。据我日记,1997年12月4日上午,徐城北、叶稚珊夫妇和我一起去周有光、张允和家。他们是周家老朋友,我是慕名拜访。另外,张允和一直主编家庭杂志《水》,我想去聊聊。那年张先生八十九岁、周先生九十二岁,见了叶稚珊,欢喜得了不得,我也沾光。老人看过《老照片》,知道我是编者,所以,就搬出几大本照片册,一边翻,一边气喘吁吁地讲起来,是张先生主讲。讲到动情处,如与周先生恋爱,四姊妹的趣事,抗战逃难途中女儿小禾病死、儿子小平中弹等,张先生喜笑颜开或泪光闪闪,听者也忘我。不觉到了中午，我抱歉待得太久，老人累了，还耽误了宝贵时间——周先生每天用电脑写作（他是中国最早用电脑写作的，中文输入法与他有关）。这样抱歉时，周先生说："您多心了。我们两个，见客是正事，写文是业余。"张先生谈兴正浓，坚决不让走，说已安排家中阿姨备饭，饭后再聊。吃罢饭，两位老人午休，我们还是悄悄走了。路上，我与徐城北、叶稚珊说："今天所讲，记录下来，配上照片，就是一本好书。"他们深以为然。于是说好叶稚珊与张先生商量，若可，就由叶稚珊专做听客，录音并整理文字。

此后，叶稚珊常常一周去周家两三次。过程，她都在《序言》中写了。叶稚珊的文字，一向雅妙，曾得张中行、叶至善等名家激赏，但这一次，她"去掉了各种书写应有的程式，力图使读者感觉到是在听张先生聊天"。比如小禾死后，"我的眼泪可能流干了，这次惨痛的事件之后，半个多世纪的时间里，我从没有再向人提过这件事"，极为平实，却能击中人心。其实叶稚珊所做，不仅是记录和整理文字，书中许多文章之后插入的"附录"，如元和、兆和的文章，周有光、叶至善的信，小平七岁写的纪念妹妹的诗等等，都是她与张先生商量后有意为之，巧妙地丰富了书的内容，使源于一幅幅并不连贯的老照片的文字有了立体感和整体感，形成鲜明风格，甚至可以说独一无二。这是本书受读者欢迎的原因之一。

书出版后，张先生很喜欢，三次写信给我，添购样书送人。我在《人民日报》和《文汇读书周报》上写了两条广告：

本书是张允和先生九十岁时，对照自己六岁（一九一五年）到五十岁（一九五九年）的一些照片，讲述往事的结集。她认为，最最美好的和最最悲惨的照片，都没有保存下来。但通过保存下来的"不足道"的照片，仍可回忆起最最美好和最最悲惨的往事。这样，前后几个月的时间，断断续续，叶稚珊记录下了许多故事。张先生说：

"我在你面前已没有了闭谜（秘密）。"当然，发表出来的，只是一小部分。

这是对一个文化世家几代人老照片的解读。讲述这些故事的，是一位九十岁的才女，记录、编写这些故事的则是另一位才女——只是年龄小了一半。口述者的四姊妹曾扬名上海学生界：大姐元和是校花，三妹兆和是体育健将——后来成了作家沈从文的妻子；二姐——口述者本人则与大姐和四妹充和一样，爱好昆曲，有造诣，而且四姊妹都有很好的文笔……还有六兄弟的故事、四女婿的故事、儿女孙辈的故事，这些照片和故事展现了中国八十年历史的一隅，其中有苦难，有亲情，也有生活的韵味。

几十家媒体发了评论文章，包括香港的《亚洲周刊》和法国的中文报纸。书影响大，卖得好，加印了好几次。我感谢叶稚珊，没有她就没有这本书；我自己也很有体会，因为表面上看，这是一本偶然得之的书，但实际上也是作为编辑如何发现选题的一个案例。我曾多次在编辑培训班上讲过这个案例。

《张家旧事》出版三年整，2002年，张先生去世。我在媒体上看过一篇文章，署名陈光中，转记一小段如下：

> 八月时，气温连续数日保持在40℃以上，家里不得不开空调，于是允和先生感冒了。十四日上午，护士照例来输液，她感到不舒服，连中饭都没吃。下午，精神好些了，吃了晚饭，还到周先生的小书房里说了一会儿话。晚上八时，护士准时再来输液，没多久，她又说不舒服，家人扶她坐起来，咳嗽之后，虚汗不止，突然向前倒下。护士急忙拔掉针头，打电话叫救护车，但一切都晚了。

八月二十四日，家人与亲友将允和先生的骨灰撒在西郊永定河畔雁翅镇观涧台山中，并在安置骨灰的地方种了一棵小小的枫树。她曾说过：最喜欢由绿叶变成红花的枫叶。

二〇一三年十月四日

序 言

叶稚珊

我从记事起就不喝牛奶，连奶味都闻不得。我的女儿也不喝，我周围有许多人都不喝。

为了"老照片"，我从年初起每星期要去两三次张先生家，多半是在上午九点左右，正是周有光、张允和两老对坐饮上午茶的时间。待客的茶，张先生不用保姆帮忙，亲自调弄。咖啡杯、不锈钢小勺、立顿红茶、荷兰乳牛（奶粉牌子），三下两下，近九十岁的白发才女把这杯"羹"端给我，能不饮？敢不饮？说得出口不饮？

上午九点半，红茶冲奶粉；下午三点半，咖啡冲奶粉。夫妇俩每天碰两次杯，无论有没有客人，无论他们各自在忙什么，这一刻只属于他们两个人。这一碰，五十年没变过。他们不讲究养生，不吃任何补品，甚至不锻炼，九十四岁的周先生每天还要工作八小时以上。他们笑着说，这杯奶是他们长寿的秘诀。

绣花鞋，精致合体的滚边中式大襟小袄，独一无二的盘发，精美的脸庞，精致的鼻子，精巧的薄嘴唇，一双精明无比的眼睛，年轻时她的美，怎么想象也不会过分。我们在书桌前对坐着，杯子在我眼前，奶味冲天。我努力关闭自己的嗅觉，调动所有的视觉感应，风格别具的一杯饮，风韵万种的一个人，秀色可餐，秀色可餐……我喝下了第一口："似这般良辰美景"，在讲起幼时学戏生活时，她唱起了昆曲名段，抑扬顿挫韵味十足直透我的心扉。我也入了戏，"奈何天——"不由自主地又端起了奶茶。秀色真的可餐，小汤匙一搅，旧日感怀缭绕弥漫，我陷了进去，和张先生一起吃着五十年前的那杯茶，丝一般的感受，柔软惬意地飘拂在我们之间，每一杯里有一个与"世"隔绝的上午，每一个上午有一杯隔"世"的茶。

不折不扣的隔世，张先生讲的都是些上一世的故事，那时没有我，但我不觉得陌生，我喜欢那种感觉，那种情调，那种牛奶中加一匙咖啡后以淡咖啡色为基调的雅致的老照片似的风格。简单、安详、静谧、典雅，同时快乐。

不折不扣的隔世，每一个中午，离开那扇小小的门，那杯温温的奶，走上大街，我都不急于坐车，想远离"世"人，静静地走一会儿。人的一生可以这样度过，一个人可以自始至终地这样生活，我知道了，你知道吗？有谁能与我分享，分享这一对得天独厚的幸运的老人洁净无比的九十几年的光阴，他们仍然拥有健康，同时快乐！

处处皆精的张先生一口"半精（京）半肥（合肥）"的安徽腔，把老天爷能给予人间的点点滴滴快乐都一网淘尽利用发挥得点水不漏，物质生活和精神生活的角角落落都填充着东西方的文明。和张先生的合作对我是一种享受，每个上午，和那杯奶茶一起端给我的都是相同的一句话："莫——慌——，莫——慌——，我们定定心心，悠悠地来……"她儿时的故事，有的我听了一遍、两遍、三遍，百听不厌。我引着她，又讲一遍。回到家里，再听录音。落到纸上，无论如何也没了那种活灵活现，那种悠远的快乐。痛切地感觉到"不能当面欣赏"的语言再被榨成薄薄的一张纸，即使是一字不差，也已经少了魂魄，没有了"精"，也没有了"肥"。

录音带几十盘，张先生说："我在你面前已没有了闭谜（秘密）。"发表出来，只小小的一本书，那不在书中的故人往事有许多非常的精彩诱人而且缠绵，但我谨记着张先生"不足为外人道"的约定，让它们永远定格在那杯浓香的奶茶中。

在一次无意的闲聊中,《老照片》的首倡者汪家明说,一九八五年看到的白俄罗斯国家合唱团的无伴奏合唱给他留下了极深的印象。没有固定的队形,合唱队员很随意地从侧幕边唱边走出来,真像是几个少女在白桦树林中亲切私语,没有旁观者,自然、轻松、柔和。我想,一本书如果也这样淡淡地始,淡淡地终倒是很符合张先生的风格,于是去掉了各种写书应有的程式,力图使读者感觉到是在听张先生聊天。但是真正动起笔来又没有做到,心里、口里、纸上、笔上,要达到张先生的境界,难!

我从张先生那里学会了喝牛奶,在每天上午、下午,在他们碰杯的时间,我也举起杯子。能让两位智慧老人长寿的牛奶,自然也能强健我的精神和体魄。

每次离开张先生家,她送到门口总要说:"我真快乐,真高兴,我要香香你。"于是我伏下身子,脸和张先生的脸贴在一起,又是丝一般的感受。

自始至终,丝一般。

前话：合肥张家

先世自江西迁合肥之南乡，明季有鳌公者迁西乡，世居周公山下，祠堂在周公山之北。新立字派"和"是第十四世。"和"字以上各世为金（九世）、步（十世）、树（十一世）、龄（十三世）。由"和"起为（第十四世至二十九世）：

和以致福，善可钟祥。承熙永誉，邦家之光。

——摘自张定和所记张氏家谱之《一些说明》

张家先祖自明代从江西迁移到安徽庐州合肥县，"数代后又从周公定居合肥西县的周公山。从周子世科、孙杰、曾孙荫谷，荫谷娶孙氏、鲁氏、李氏三位夫人，生了九个儿子、两个女儿。这九个儿子就是后代通称的老九房"。（引自张氏家谱《前言》）

张荫谷治家谨严，性情豪放刚毅，因教子有方，使得张家在乡里享有众望。但直至十九世纪中，张家也还只能算是财产并不丰厚的低层士绅，家族成员中偶有几个通过了县试的一般书香人家。

张家发迹于"老九房"即张氏第十一世"树"字辈，也就是现今张家十姊弟的曾祖一辈。张家的兴隆和名声鹊起，不同于传统的以科举获得功名而跻身于上层士绅，曾祖张树声也曾中了个秀才，而且是廪生。廪生，一说是科举考试中成绩名列一等的秀才称为廪生；一说是明代州、府、县学生员最初为补助其生活都供给廪膳，至清代，则须经岁科两试一等前列的才能取得廪生。总之，是秀才当中的佼佼者，可获官府廪米津贴（张允和先生曾笑称为"一等奖学金"）。

咸丰元年，一场大规模的农民运动捻军起义在广阔的淮北大地上爆发了，清政府命令省在籍官绅举办团练，组织武装。高祖张荫谷带着曾祖张树声（字振轩，一八二四～一八八四）及弟兄树珊、树槐、树屏等人在周公山下的殷家畈扎寨办团练，张家的团练在当时已颇有规模也颇有影响。也许此时近而立之年的张树声正在预备去省城参加下一轮"乡试"的等待中，他的几个弟弟也同样在等待下一次县试或府试。随着这场农民起义的爆发，张氏家族以通过科举考试取得仕途的道路就此改变。张家的团练与不远的紫蓬山下的周氏兄弟团练、大潜山山下以刘铭传为首的团练号称"三山团练"。自咸丰三年（一八五三年）起，在皖北对抗太平军与捻军，后奉命守芜湖，调赴无为驻防，迁知府。

同籍的李鸿章（一八二三～一九〇一）长张树声一岁，已于道光二十七年（一八四七）中进士，咸丰三年（一八五三）受命回籍办团练。

同治元年，李鸿章令张树声以"三山团练"为骨干组建淮军，张树声遂带兄弟数人从军，随李鸿章到上海，与刘铭传等分领淮军，和湘军一起摧毁了太平天国，张树声成为淮军的第二号人物。后在镇压捻军的战斗中，已升至提督衔总兵的大弟张树珊战死湖北。四弟张树屏亦升至记名提督衔总兵，官至武职一品大员。张树声则因功绩显赫，被清廷授予"卓勇巴图鲁"的称号，不断地获得提升，历任直隶按察使、漕运总督、两江总督兼同上事务大臣、两广总督和代理直隶总督。

张家后人在很长一段时间里一直以祖上镇压过农民起义而缄口隐讳，近年随着国内外一些学者兴起对淮军将领的研究，他们也逐渐开始用历史的辩证的眼光看待张家先祖的所作所为。

荣耀故里

为故里合肥和张氏一族争得了极大荣誉的张树声，在办团练的周公山南殷家畈选了一块坐北朝南、背山面水的宝地，建造了庞大的张家老宅，人称"张老圩"。相传有九路水脉绕圩四周而过，又流入龙潭河。"圩子有内外濠沟，内濠有两座石拱桥相连。对外向西开门，通过吊桥联结圩外。圩子大门原系一座牌楼，过牌楼是五进正厅，每进十五间，分东、中、西三个大门。内分正大门、客厅、书房等。张家兄弟八人，在大厅北面建造内宅，各房单成一个院落。北壕外是花园和小姐们的绣楼，有石桥相通。圩内各式房间数百间……"（摘自马骐《张老圩与张新圩》）

而官至武职一品的四弟张树屏，则在距大哥张树声的张老圩几里外的西北面另建一圩，占地百余亩，气势更加庞大，与张老圩随地势迂回曲折不同的是，这里横竖成方，对仗齐整，四面均有大闸门和笔直的外壕沟，内里又有笔直的内壕沟，将整体建筑分隔成内外两部分，以石拱桥勾连。坐北朝南的九路正房之间有厢房连接，梁栋彩画。其建筑形式、房屋结构和整体装饰的富丽华美，与张老圩的风格很不相同，名张新圩。

家产丰厚的张树声并没有安享于战功带给他的功名利禄，他不但资助教育，和几位乡邻捐资建立了肥西书院，更为国事抱有"忧危之怀"，认为中国学习西方不能只是"得其形似"，强调西学的重要性，主张办西式学堂，让学生适应西式教育，掌握现代知识。在他的力主下，一所理想的西式学校在广东省竣工。他为家国之事殚精竭虑，直至逝世当日仍有奏折称"……病势愈深，上念君恩之高厚，下为时事之艰难，焦灼五中……"张家是不是自这代开始，有了治学、办学的一脉相承，不得而知。

一八八四年十月，张树声病逝于任上，皇帝赐谥号"靖达"。

走出合肥

张树声有八个弟弟，各自成家，即称九房。张树声有三个儿子，十姊弟的祖父张云端（又名华奎，字霭青，一八四八～一八九七）是长子，官至户部外郎。但其膝下无子，十姊弟的父亲张武龄出生后就被从五房抱过来，成为张家的长子长孙，自高祖张荫谷起直至张家十姊弟中的长男张宗和，连续五代，均为长房。

张武龄四个月时正好张云端要上任四川川东道台，遂带上张武龄和奶妈等乘船同去。船日夜行驶在惊涛骇浪中，风浪和机械的巨大声响伤害了小婴儿的耳膜，张武龄从此终生听力不好。也许是因为这个缘故，他远离了张家祖辈的勇武，以他特殊的家庭背景、个人性格和身处的特殊环境，走出了张家这一脉特殊的人生之路，养育了十个特殊的子女。

张树声以淮军名将载入清史，留给张家后人的不只是"青史留名"，还有巨额财富。在他的有意引导下，弃武从文，参加科考，步入仕宦，张家弟子不再涉足军界，军人的风格秉性被诗书礼仪的家风替代。

张云端去世时张武龄仅仅八岁，是独子。生于富贵、一生享受祖辈余荫的他，也许是因为耳不聪（重听）、目不明（近视）的缘故，生性和缓，稍显内向，嗜书好读。成年后婚姻美满，生活安逸。广闻博览使生活在深宅大院的武龄思想颇为开化，三个女儿陆续出生后，合肥老宅中庞杂的族人、佣仆中渐现出慵散之风，饱食终日后滋生出享乐赌博陋习，使为人父的张武龄很不安，几经思虑，一九一二年初，他毅然举家辞别祖居，迁往上海。这是看似儒弱的他人生中的第一次壮举。

　　随他移居的除了妻子和尚在幼年的三个女儿以及她们各自的奶妈，还有他同父异母的妹妹，父辈三兄弟均已过世，留下五位寡居的妻妾，均由长房长孙的张武龄供养，自然随他一起走，另有几个堂兄弟姊妹，众多的奶妈佣人，细软财物和庞大的行李堆。

　　一次兴师动众的迁移，离开"合肥张家"的这一枝，也从此离开了旧式士绅大家族的种种家规陈俗，一步迈进了开风气之先、充满活力和商业气氛的上海，为"苏州张家"的历史画出了第一笔。

名留清史的张树声兄弟

（《清史稿》卷四百四十七）

张树声，字振轩，安徽合肥人。粤寇扰皖北，以廪生与其弟树珊、树屏治团杀贼。复越境出击，连下含山、六安、英山、霍山、潜山、无为；而太湖一役，以五百人陷阵，击退陈玉成众数万，功尤盛，复力行坚壁清野法。其时刘铭传、周盛波、潘鼎新辈皆相继筑堡，联为一气，皖北破碎，独合肥西乡差全。曾国藩檄守芜湖，调无为，迁知府。同治元年，从李鸿章援上海。鸿章立淮军，与铭传等分领其众，从克江阴，晋道员。鸿章亲视娄门程学启军，遣树声援荡口，破谢家桥，逐北至齐门，又败之黄埭，学启遂逼城而军，于是娄门寇道始绝。二年，攻无锡、金匮，击寇芙蓉山，大破之，夺获战舰器械不可称计，赐号卓勇巴图鲁，予三品服。树声乘胜趋常州。逾岁，攻河干二十余营，尽破之。城拔，进复浙江湖州，诏以按察使记名。四年，署江苏徐海道。寻授直隶按察使，赴大名督防务。

九年，调补山西。越二年，擢漕运总督，署江苏巡抚，十三年，实授。遭继母忧，归。光绪三年，起授贵州巡抚。适广东总兵李扬才据灵山，构匪扰越南，朝旨调树声抚广西治之。事宁，擢总督，先后剿平西林苗匪、武宣积匪。八年，鸿章丧母归葬，树声摄直督任。值朝鲜乱作，日使花房义质将兵五百入王京，迫朝议约，树声飞檄吴长庆等赴之，遂成约，寻盟而还。于是长庆等宵攻乱党，悉歼其渠，乱乃定，树声奏令长庆暂戍朝，上嘉其能，加太子少保。明年，还督两广。会法越构兵,即以法人侵逼状上闻。逮北宁陷,自请解总督职专治军,报可。复坐按事不实,革职留任。未几,病卒,谥靖达,予直隶、江苏及本籍建祠。树珊自有传。

树屏,以收复江苏各州县,积勋至副将。从征捻,驻周家口,战数捷。捻平,擢提督,赐号额腾额巴图鲁。赴晋防河。光绪二年,徙守河曲、保德。会皖军赴援乌鲁木齐,甘肃流贼曹洪照窜后山,树屏适奉檄诣省,闻警,乘大雪追击之。事定,赐头品服,授太原镇总兵。移防包头、调大同。十三年,乞休。既殁,鸿章状其绩以上,予优恤,太原建祠。

(《清史稿》卷四百十六)

张树珊,字海柯,安徽合肥人。咸丰三年,粤匪入安徽,树珊与兄树声练乡兵自卫,淮军之兴,自张氏始。五年,击贼巢湖,率壮士数十人败贼,擒斩贼目五人,进破巢县贼营,叙外委。六年,复来安,随官军克无为州,擢千总。又克潜山,至太湖,遇贼数万,树珊仅五百人,军粮火药皆尽。贼屯堤上,树珊选死士缘堤下蛇行入贼中,大呼击杀,贼惊溃。七年,败捻首张洛行于官亭。粤匪方与捻相勾结,皖北几无完区,独合肥西乡以团练筑堡差安,时出境从剿贼。九年,克霍山。十年,两解六安围。十一年,赴援寿州,克三河,擢都司,赐花翎。

同治元年,从李鸿章赴上海,名其军曰树字营。李秀成犯上海,会诸军夹击走之。七月,会克青浦。贼围北新泾,树珊偕程学启力战旬余,贼始遁,擢游击。进克嘉定,贼大举围四江口,树珊逼贼而营,会诸军奋击,连破二十余垒,遂解围,擢参将,赐号悍勇巴图鲁。是年冬,常熟及福山贼以城降,而福山贼复叛,围常熟。二年五月,树珊率军航海抵福山西洋港,风潮作,飘舟近贼巢,潮退不得行。树珊曰:"兵法危地则战。"登岸结垒未就,贼大至,树珊疾捣中坚,枪伤左肘不少却，拔出诸营之被围者，进解常熟之围，擢副将。会诸军进攻江阴，树珊扼南门，断贼去路，城复，贼无得脱者，以总兵记名。进攻无锡，悍酋陈坤书、李世贤方以十万众围大桥角，树珊助剿，火贼轮船二、炮船十，歼毙甚众，解其围。李秀成复率众数万至，连营数十里，树珊与诸军夹击，贼大溃。会苏州已下，秀成率死党入太湖，结常州贼，水陆分进，援无锡，时铭传专击外援贼，树珊与诸军合围，十一月，拔之，以提督记名。偕兄树声及刘铭传进攻常州，三年四月，克之，予一品封典，授广西右江镇总兵。

四年，曾国藩督师剿捻，驻徐州，以树珊所部为亲军，令援山东，破贼于鱼台。议设四镇，陈州之周家口为最要，初以刘铭传驻之，既改铭传为游击之师，乃令树珊移驻。五年三月，击贼沙河，贼窜扑周家口，回军夹击败之。五月，又败贼于沙河东，树珊以贼骑飘忽靡常，耻株守，请改为游击之师。九月，驰解许州之围。十月，逐贼山东境，连败之丰南、定陶、曹县。十一月，回军周家口。贼窜湖北，偕总兵周盛波追剿。会郭松林败绩于臼口，贼焰愈炽，树珊自黄冈追至枣阳，贼窜黄州、德安，树珊驰援。诸将皆言贼悍且众，宜持重，树珊率亲军二百人穷追，抵新家闸。贼横走抄官军后，树珊力战陷阵，至夜半，马立积尸中不能行，下马斗而死。后队据乡庄发枪炮拒贼，贼亦寻退，全军未败。事闻，诏惜其忠勇，从优议恤，予骑都尉兼一云骑尉世职，建专祠，谥勇烈。七年，捻平，加赠太子少保。

弟树屏，从诸兄治团练，积劳至千总。从树珊至江苏，转战松江、苏州、常州，屡有功，累擢副将。从剿捻匪，迭破贼于丰县、沛县、鱼台。及树珊战殁德安，树屏分领树字三营驻周家口。东捻平，论功以提督记名，赐号额腾额巴图鲁。

同治六年，山西巡抚李宗羲奏调，令募新军六营分驻大宁、吉州、壶口防回匪。十二年，兼统水陆驻河津，分防归化、包头。光绪二年，甘肃流贼犯河套后山，督军追击，连败之，擒其渠曹洪照。事平，加头品顶戴。四年，授太原镇总兵，值旱灾，树屏捐运赈粮，出军食之余平粜济饥民。六年，移防包头。九年，调大同镇。十三年，因伤病乞罢，十七年，卒，以前劳赐恤。

母亲陆英(一八八五年五月~一九二一年十月)摄于上海,时约一九一六年。

母亲唯一的照片

我的母亲叫陆英（一八八五年五月二十七至一九二一年十月十六），原籍也是合肥，因为外祖父做盐务官，才搬到扬州的。

祖父在为我爸爸选住偶时，知道扬州陆家的二小姐贤良能干，小小年纪在家就协助母亲料理家事，托媒人定下了这个媳妇。

当时张家在安徽合肥是有名的官宦人家，又要娶名门之女，婚礼自然非常隆重。据说，外婆花了整整一年时间置办嫁妆，东西多得吓死人。陆府从扬州雇船装载嫁妆运到合肥，婚期前雇夫子用抬盒装摆好，吹吹打打好不热闹，张家所在的龙门巷外十里长亭摆满了嫁妆，全城轰动。光紫檀家具，就有好几套，不光新房里是全新的，因为张家是几进的大院子，陆家就连大堂、二堂也都陪了全套的家具。金银首饰更是不计其数，尤其是翠，因为母亲喜欢翠。嫁妆中一应俱全，扫帚、簸箕也都是成套的，每把扫帚上都挂了银链条。

当地有个习俗，喜庆日里一定要拿拿新娘子的脾气，杀杀她的威风。所以新娘子的轿子到了张家大门口时，大门紧闭，必须用红包一一打点门房，至于每个红包里有多少钱我不大清楚，反正当时也不算是个小数。进了大门，到二堂仍有人挡驾，过了这关，到新房门口，伴娘、喜娘们的关最难过，红包的分量要格外重。婚礼中有多少繁文缛节，干干（奶妈）对我们讲时也讲不清许多，她只说坐床撒帐后，媒婆替新娘挑盖头时嘴里不停地说："小小秤杆红溜溜，我替新人挑盖头,盖头落床,子孙满堂,盖头落地,买田置地……"盖头掀开,新娘子羞怯怯抬眼一看,所有的人都愣住了——不得了!新娘子太漂亮了,一双凤眼,眼梢有一点往上挑,光芒四射,太美了。姨祖母却心头暗想:太露了,留不住,会不长寿的。

果然,母亲二十一岁嫁到张家,三十六岁就去世了。母亲一年生一个,从一九〇六年到一九二一年,十六年怀了十四胎,留下了我们姐弟九个,前面四个女孩,接着五个男孩,还真应了"子孙满堂"这句口彩。可有人说因为大大在结婚时没有吃花生,因此一气生了四个女孩又一气生了五个男孩,不是花着生的。

母亲是在生第十四胎后因拔牙引起血中毒而死的,不知是不是现在人们说的败血病。病倒后,她晓得自己要死了,就把九个孩子的保姆和奶妈都叫到身边,给他们每人二百块大洋,要她们保证日后不管遇到什么事情,无论钱够不够用,不管自己有多苦,一定要坚持把孩子带到十八岁。因为她结婚时娘家不但陪嫁的东西多,在她手里的现款也有上万。张家也很有钱,用不上,母亲去世前把余下的所有的钱都还给了娘家。母亲死时我十二岁,那是一九二一年。

保姆们都遵从了母亲的遗愿,陪伴自己负责照顾的孩子到十八岁。母亲在家里是非常有威望的,她待人接物、理财和办事能力很强。长辈夸她,同辈赞她,幼辈服她。遇事得心应手,安排得妥妥当当,我觉得她比父亲还能干。我长大后常常自鸣得意地讲:在我们四姊妹中,我的组织能力最强,这大概就是从小从母亲那里学来的。

母亲一年生一个孩子,每个孩子吃奶两到三年,所以家里总有三个奶妈,另有不吃奶的孩子每人一个保姆(干干)。上有曾祖的高老姨太,我们叫她老太太;又有大大(母亲)三位孀居的婆婆及叔婆,还有我祖父在四川的徐姨奶;中有我父亲、叔叔、姑姑们;下有我们姊弟。还有管事的、教书的、门房、花匠、厨子、打杂的男女工人们。每天光吃饭就有近四十人，是一个非常典型的大家庭。母亲忠厚而多才，在她的管理下，大家庭总是平和安稳，从未有过小孩子打架骂人、佣人闹纠纷的事，甚至连男工、女工谈恋爱的事情都没有发生过。她对人之爱，不分主仆，我们叫母亲为大大，每个孩子叫人家的保姆为干干，管自己的保姆叫姆妈。每天早上吃早点，无论吃什么都要分给保姆一半，比如吃稀饭，总归有点心，大多是大饼油条，随小孩子喜欢留大饼或油条，有时干脆两样裹在一起再分成两半。

元和姐姐记得家中大人们常夸赞说，大大送亲戚或长辈寿礼是"桃"（寿桃一高盘）、"面"（寿面一高盘）、"烟"（皮丝烟一包）、"酒"（酒一大坛）、"茶"（上等茶叶双罐）、"腿"（火腿一条），另配两色物件，共计十样礼品，派人用抬盒抬着送去。

大大样样事做得周到妥帖，从不失礼。

在苏州寿宁弄八号，家里有四个书房，父亲一个，母亲一个，孩子们共用两个。别人家的书是放在书架上的，我们家的书到处都是，连地板上都堆满了书报。父亲不光是收藏各种各样的书，还把当时所能看到的所有大报小报都配齐。家里虽然专门给我们请了一个先生教古文，但书房里的古书、新书尽我们自由翻阅。比如《红楼梦》，我很小就读了。当时还很看不起，认为白话文不如文言文深奥，我也会写。现在到了八十九岁，越看越不会写了。张家的读书风气很浓，母亲的书房门口有一个匾额，上面的字我实在记不全了，只记得有一个"芝"字，一个"兰"字。母亲还让家里所有的保姆都学认字读书，带三妹的朱干干学得最快，她每天早上替母亲梳头时，面前摆二十个我们家自制的生字块，梳好头也认完了二十个字。那时我觉得脸上最无光的事是带我的保姆认字顶笨了，家里常有人问她："窦干干，窦大姐，你认得多少字呀？"她说："西瓜大的字我识得一担。"我是她的小先生，真觉得丢人，气得要死，总埋怨她："笨死了，笨死了！"

母亲教我们几姊妹唱《西厢记》的扬州歌，我还记得清清楚楚："碧云天气正逢秋，老夫人房中问丫头，小姐绣鞋因何失，两耳珠环是谁偷，汗巾是谁丢？红娘见说纷纷泪，'老夫人息怒听情由，那日不该带小姐还香愿，孙飞虎一见生情由……'"

还教我们唱："杨八姐，去游春，皇帝要她做夫人。做夫人，她也肯，她要十样宝和珍。一要猪头开饭店。二要金银镶衣襟。三要三匹红绫缎，南京扯到北京城。四要珍珠穿面盆。五要金盆……六要天上星一对。七要七盏九莲灯……九要仙鹤来下礼。十要凤凰来接人。皇上一听纷纷怒，为人莫娶杨八姐，万贯家财要不成。"

母亲的这张照片是在上海拍的。辛亥革命刚过，我们全家搬到上海，当时我只有二十二个月大，父亲、母亲很喜欢看戏，我从三四岁开始就随他们看戏。因为是包厢，即使有时父母不去，保姆也可以带着孩子去。父亲还喜欢摄影，这在当时是很新鲜的事。他有好几架照相机。母亲很喜欢拍照，这张照片是在上海的照相馆里穿西洋装照的，究竟是哪一年照的实在是搞不清楚了，大约总是在辛亥革命三年后吧。

母亲应该能留下许多照片，但却只剩了这一张。弟弟曾在一篇文章里写过这样的一句话"其余的照片都在二姐的哭泣声中被人毁掉了"。

我有才能的大大

张元和

一

我小时候虽然没有念过《女儿经》，但常听大大说她念过的一些，我记得是："女儿经，女儿经要女儿听。每日黎明清早起，休要睡到日头红。旧手帕，包鬏髻，急忙去扫堂前地，休叫地下起灰尘，洁净闺门父母喜。光梳头，净洗面，早到闺房做针线。张家长，李家短，人家是非我不管。亲戚邻舍有人来，从容迎接相留款。姑姑且，姨姨俊，人家论时我不论。……可言则言人不厌，一言既出胜千言……"我一生做事，不知不觉多少会受这些《女儿经》的影响。例如：我不大喜欢说话，就是脑子里有"可言则言人不厌"在支配我，但我却没有"一言既出胜千言"的能耐。

大大教方块字，教出好几个优良学生。其中有一个就是带兆和三妹的朱干干。她除带三妹外，每天早上要替大大梳头。她在后面梳，大大在前面桌子上摆些字块教她认。她很用心，成绩很好，后来常看七字或十字的唱本小说，津津有味地唱给我们听。我们家搬到苏州后，就经常听她说唱这类小说。因此知道孟丽君、皇甫少华等人名，或七侠五义、征东征西等等。

大大教二妹、三妹认字，三妹很听话，每天一丝不苟地认了不少字。二妹却总也不肯开口认，大大忍无可忍，发了狠，把她关在房中，她大哭一阵，伏案而睡。夜间做了件轶事（我未征求她同意，现在不便说，以后让她自己宣布吧），第二天就乖乖地开口认字了，认得也快，不久赶上三妹。于是二人一直同读同写，同读家塾，同在乐益女中初中毕业，同读中国公学等等，只是大学不在同一学校戴方帽子。

大大虽然当家理事，每日劳心费神，但还爱学习。同老伯伯（本房三姑母）一块儿去胜家公司学踏洋机。大大学缝纫，老伯伯学刺绣，还将刺绣好的牡丹花装了玻璃镜框挂在她自己房中做成绩。

老伯伯会吹箫，踏风琴，都是自修的。她只读一年半书，未上学校。喜看小说，还会作诗。我爸爸曾将她的诗寄给报社刊登，鼓励她自学有成哩。

讲到老伯伯作诗登报，又联想到大舅舅（大大同母唯一的弟弟）也曾作过集沪上店名诗发表于报端。诗曰："……'楼外楼'头'天外天'．'得意''升平''新世界'，'易安茶楼''小花园'。"可惜我忘记第一句了。诗中有引号的，都是当时上海的名店。

为老伯伯要于归我祖母娘家侄儿刘凤生，号咸阁（是八舅奶奶第二个儿子），家里在两年中办嫁妆，做这样，买那样，应用东西，大大都忙着料理得齐齐全全。

不说别的，就单单打办一桌银台面，就费很多事。先在银楼选老伯伯喜欢的花式，打造银酒壶、银酒杯、银酒杯托子、银羹匙、银羹匙垫子小碟子、银筷子、银汤匙、小银莲子匙，各十二只。拿来家，女工们忙着用大红棉绳打络子，把各件网络起来。银光闪闪，红色艳艳，我们小孩都看得眼花了。绸缎被褥多条。皮箱大小成对成双的，箱底都放有压箱元宝。特定做大红漆的子孙桶双套（即大小马桶）。红木家具、红木床、子孙柜等应有尽有。结婚前三天发嫁妆，红木四方饭桌上摆满杯、盘、匙、碟，不但各组每件用大红网络系好，下面还披一个四面有须须的大红棉绳网罩，抬走起来，不会散乱滚落的。

雇几十名夫子，用几十抬抬盒抬着。乐队吹吹打打，热热闹闹，送去刘府。

迎娶当天，俗例要兄长背新娘妹妹上轿。老伯伯身材较丰满，我爸爸瘦瘦的，大奶奶（我的祖母）怕爸爸背不动，吩咐老伯伯只站在椅子上，让爸爸做个背的样子，没有真背。那年头新娘已坐双马车代替轿子了。

理应新娘辞祖，拜别我祖母，上马车，一路要哭的。老伯伯爱漂亮，怕把脸上脂粉哭得不好看，还笑着不肯随俗哩！洋鼓洋号的乐队吹奏起来，一路上老伯伯听到吹打的是那时的一个曲子："长、长、长、长、长，亚洲第一大水扬于江……"还在马车里跟着哼唱哩！

二

大奶奶七十大寿，大大早就派人去江西景德镇定制"万寿无疆"彩色的寿碗、寿碟、寿酒杯、寿匙等等几十套请客用的餐具，安排种种必需用品，又为我们姐弟做新衣新鞋，忙得不亦乐乎。

三月叫人来家，在大天井中搭彩棚，用大红布在一扇扇门上扎成方格子，并缀大红彩球，隔出小堂名的座厢，及专司茶水的担子等等，喜气洋洋。我们在一旁看，觉得真有趣！

寿辰前一晚，父母领我们穿着整齐，依次向大奶奶跪拜，名曰"暖寿"，然后家宴，吃暖寿酒。

寿诞之晨，堂屋点了大红彩烛，请大奶奶中坐，父母双双向大奶奶大礼跪拜，祝大奶奶"福寿康宁"，我们姐弟随后跪拜如仪。大奶奶分给我们拜寿红包，每封银元二枚，我们拜领了，欢天喜地去保存起来。

然后吃寿面，每碗里都有一个水浦蛋，六色冷盘及寿桃，全家团团围坐，欢乐异常。继而陆续来了不少亲戚、世交、男女宾客。午餐后有牌局，大舅妈等至亲女眷，陪大奶奶在楼上大奶奶房中打麻将。男客都在楼下客厅书房高谈阔论。我们姐弟就上下赶热闹，听小堂名唱曲子，吹乐器。

大弟宗和，小小年纪，穿了新绸长袍，不让带他的夏干干抱，怕把袍子弄皱了，真爱漂亮。晚宴开多桌，是订雇馆子里大厨师来家烹调的整桌酒席。男宾们喝酒划拳，热闹非凡，吃得杯盘狼藉。醉醺醺的客人们，可以不声不响地把碗筷匙碟等带走，名曰"偷寿"，即沾老人家福寿也。

第二年春天，大奶奶生日前，夜里起来上马桶，不慎歪跌坐地，陈干干等几个女工听到老太太房中有重响，都赶去，扭亮灯，慌忙把老太太扶起，躺倒床上。老人就此神志不清，连夜请医生来家诊治，不见好转。

大奶奶坐在床上，孙氏女工坐在她后面，让老人家靠在她身上。大奶奶摸着盖着的方格子四川织锦被面，口内吐出的痰是肉红色的。第三天就寿终仙逝了。

女工们忙着为老人家抹身，穿她六十岁就订制的寿衣。那是一套大红绣花的，像戏台上《龙凤呈祥》中孙尚香做新娘穿的宫装、凤冠、霞帔、披肩等等，还穿鞋底绣莲花的自制寿鞋和白袜。

大祖父虽是川东道台，并非一品官，可是大奶奶却是一品夫人，

母亲陆英与家人合影。

所以应穿以上寿衣。我们随着父母，都依次跪在她老人家床前地下哭泣。

大奶奶曾经告诉我们，她那套寿衣及配件是六十岁那年做的。每年除夕晚上穿戴一次，连穿三年，这寿衣就真是她的了。她的那具楠木寿（材）器，也是早年做好的，每年漆一次，存放在锡金公所中。

寿衣穿好，抬到楼下堂屋，居中停放。经过小殓，然后大殓，挂白布孝幔，孝幔前设桌。白布桌围，桌上设香炉、烛台，点白蜡烛一对，烧降香及线香，摆上供品。（寿器）灵柩后（脚头）点有一盏长明灯。旧规矩不一而足，都是我大大一手照办的。

那时在上海英租界，人过世了不能在家久停，几天即出丧了。因我大奶奶年纪大，又不是传染病过世的，所以能在家停放至断七。

雇裁缝来家赶制寿衣、孝帽、麻衣、麻裙。女工们为父母做蒙在鞋上的白布和麻衣，又替我们姐弟鞋上蒙上白布，鞋后跟蒙一小块红布，因孙子和孙女是花花孝的缘故。弟弟们孝帽前正中钉一个红圆布，我们孙女头上所扎白孝布手巾也是前面正中钉一个红圆布。

三天破孝，举哀，一应礼节具备。做七七四十九天佛事，做佛事前，大天井中搭棚，扎白布格子门及白球等装饰。七七四十九天是有和尚、道士在家念经，逢七放一台焰口。五七时，有五大师（五位大和尚）同晚放五台焰口，三十位和尚念经，敲乐器。大天井中搭台，面对大奶奶灵柩念经。大和尚们两手各依经本上图样做动作，我们看得眼都花了。大弟宗和跟着和尚们绕棺、跪拜，真是好孙子。

断七后，开吊，雇人在天井中用白布扎方格门，缀白球，隔出小堂名的座厢及专司茶水的担子等等。

点主——请有功名的一位亲戚点主，就是在大奶奶的牌位上的"王"字上，用红笔加一点成"主"字的礼节。

开吊三天，客人到来，外面奏乐，孝幔内女眷举哀（即大声哭）。

八姑奶奶家毛表叔不到十岁来吊孝，乘人不备，不知如何上了大奶奶的灵柩，在孝幔里走来走去，大家不能叫喊，也无法叫他下来，最后还是我大大把他哄下来的，他真顽皮。

宾客多，大大同老伯伯在灵柩右边孝幔中不断举哀，饭也没有工夫吃，只得拿两片糕放在嘴中嚼。谁知又有吊客来，大大张嘴哭，糕从嘴中掉出，老伯伯和女工们几乎笑出来。

我的奶妈同陈干干

张元和

我的奶妈姓万,长方脸,皮肤白净,牙齿整齐,很稳重,不多话,我叫她妈妈。

记得吃奶吃到五岁才断奶。吃奶时,她坐着,我站在她两腿之间,吃几口,跑去玩;再来吃,是否真吃到奶,就记不很清楚了。

我幼时,玩具不少。她用火油箱改制的,盖子可掀起来的箱子,替我把玩具都安放在箱子里。玩时拿出来,玩后收好,一点不让乱。

我喜欢的玩具中,有一根杆子下面一个洋铁彩色蝴蝶,推动起来,跟着走,它会翅膀一扇一扇地飞,咯嗒、咯嗒地响个不停,我也笑个不停。

最有趣的是火车,奶妈把机器用钥匙开了,放在几节装凑起来的腰圆型轨道上,它绕着轨道行驶,还会放气,我总拍手,高兴得不得了。

有一次,不知为何事,我同奶妈并排坐在床沿上,我打她一下手背,她打我一下手背,两人都不说话,你一下,我一下,打了很久,我忽然跳下床,转身说"我上楼告诉大奶奶"(读阴平声),就从床头旁边的门到后面去上楼。

带兆和三妹的朱干干惊慌说:"奶大姐,大毛姐去告诉大老太,那还得了,她是大老太眼珠子,你一定要挨骂了。"

我奶妈稳坐不动,对朱干干摇摇头,悄悄说:"不会。"

朱干干轻手轻脚,走到我床头旁的门口,伸头朝上一望,见我坐在楼梯转弯地方,并未真上楼去,回去对我奶妈说:"你真懂大毛姐的心思,她坐在楼梯上哩!"我奶妈笑笑说:"我晓得她不会告状的。"

我七岁时,奶妈回安徽自己家去,得了病,不治而死,否则她还会来带我的。

当时我们住在上海铁马路图南里,奶妈走后,因祖母疼爱我,就搬到楼上,住祖母后房,由陈干干带我了。

陈干干是安徽无为州人,小脚,做事非常利落。我家女工中,她可算是全福人,老公在家带三个儿子种田,因为年成歉收,才到我家帮工的。她一直在我祖母房中做事,替祖母备早餐,烧私房菜。我极爱吃她冬天烧的鲫鱼萝卜丝,是用文火在砂锅中焖熟的,太好吃了,至今想起来还有余味。

她教了我民间的一些童谣:"排排坐,吃果果……","踢菱角,摆菱角……",等等。夏天乘凉,躺在竹床上,看着天上星,就唱:

天上星,地下钉,钉钉拐,拐拐钉,钉钉拐拐挂油瓶,油瓶破,两半个,猪衔柴,狗推磨,猴子挑水井栏坐,鸡淘米,猫烧锅,老鼠关门笑呵呵,鹰来了,哦!(这个哦字拉得很长)

也讲些她在乡下的事及到我家来的一些事,有几则,我一直记得的,如:(一)某天,她同窦干干、孙姓女工三人装新人结婚。也许是我父母婚礼引起她们这个游戏。陈干干扮新郎,穿我父亲当新官人时的靴子,戴上礼帽,脸上还抹点脂粉;姓孙的扮新娘,顶了红盖头;窦干干拿大缸内用剩的喜果(长生果、胡桃、百果、桂圆等等,都是染了红色的绿色的)在新人后面撒。又搀新娘下轿,拜堂,送入洞房……将饮交杯酒时，我祖母午睡醒了，在房中叫"老陈！老孙！"陈干干慌忙去帽，脱靴，急急跑到祖母面前。祖母见她匆匆忙忙跑来，脸上又有脂粉，只笑笑，并未责备她。可是她却不自在，很不好意思。

（二）家中每年要买大批柴禾储着应用。那天，后门大开，男工们正忙着用大称，称柴进院，窦干干拿布包了头，穿件有补丁的破衣裳，手里拿根棍子，趁人不防，坐在一个柴堆上，低着头，一声不响。黄狗见了她汪汪叫，后知她是家里人，不叫了，窦干干有意晃动竹杆，惹黄狗叫。厨房男工见叫化子混了进来，连忙盛一大碗饭加些菜，端到她面前说："喏！快吃了饭，出去，不要在这里碍事。"窦干干用棍子狠狠在他腿上打一下说："十娘，哪个碍你事？"男工一看道："啊唷！窦大妈，原来是你呀！"

（三）夏天午后，女工们在厅后，纳鞋底的纳鞋底，打麻线的打麻线，做针线的做针线。每人都有个针线笸子。老孙倦了，闭上眼打瞌睡。姑母那时十多岁，见她睡得很熟，就用两块小布涂了麦糊，贴在她两眼上。过了好一会，祖母叫："老孙！老孙！"她眼被粘住睁不开，惊慌地大叫"不得了，我反背瞳仁，看不见东西，坏了！坏了！"大家哄然大笑，陈干干却应声到祖母房中做事了。

以上三则小故事都是在合肥家中发生的，离现在约有一世纪了，那时还没有我哩！

她还讲过一个她自己的事，说时，好像在说别人的故事，毫不动情。她道："我生了大的女儿及三个儿子，又怀了第五胎，足月生产的时候，没人在家，我站在房门旁，背靠着长扫帚杆子，生下一个女孩，等衣胞下来，我顺手把衣胞擤在小孩脸上，就当没有生她。"

祖母逝世后，我们迁居苏州胥门内寿宁弄八号一所大宅院。陈干干带我住在后进楼上，东窗下面是花园的荷池，有龙睛凤尾金鱼不少，

为悼念逝去的奶妈,十七岁的充和作《趁着这黄昏》词,定和配曲(局部)。

水阁凉亭也在我窗下。池那边有棵高大柳树,时有老鹰来栖。左边是花厅,右边有假山,山上有座六角亭,使我置身园林间,怡然自得。

陈干干照应我日常生活,也学祖母无微不至地关心我。女孩儿家生长过程中不懂的事,她也会告诉我,帮我料理。

我们吃午饭及晚饭后,是她们女工吃饭时间。我们剩下的菜,再加她们的菜齐齐一桌坐着吃。我喜欢看她们吃饭,她们都吃得很香,尤其陈干干吃得快,总是第一个吃完。

她极勤快,见到地上有纸屑或其他东西,立刻拿扫帚除干净,是非常整洁的人。

我大学毕业后,在海门茅镇县立女中当教务主任时,她来探望我,我为她做件黑华线葛丝棉棉袄御寒。她穿起来很有派头。其时凌海霞是该校校长,校旁自己买了块地,养些鸡鸭,种些瓜果,有乡村风味。一天我们的母鸡中有一个孵出一窠小鸡,陈干干见了,惊喜说:"都是小黑鸡,太好玩了。"她把几只小鸡放在棉袄里,在胸前兜着它们,慈爱之情显现。我想不到她这么爱小动物的人,会亲手弄死自己的初生女儿,这是困苦环境及重男轻女习俗造成了她的狠心吧?

一九九六年九月写于美国

大大和朱干干

张兆和

我们九个姐弟出生后,吃了两年奶妈的奶,即行断奶,由干干带领。不吃奶,干带,所以叫干干。干干全是寡妇,不是寡妇不会外出帮工。我的朱干干有一儿一女,她为了让儿子能进私塾念书,把女儿给了人家当童养媳,独自一人外出。

大大儿女多,家务忙,还要管合肥的田租账目,忙不过来,因此不得不把孩子交给干干,要干干严厉管教。我们叫母亲"大大",干干却叫"姆妈"。每个干干除带领一个孩子外,还兼领一份杂务。比如窦干干带二姐,同时还管女教师和我们的早饭菜。大姐是祖母的宠儿,吃住都随祖母,由陈干带领。朱干除领我外,还替大大梳头收拾房间。

有一次,大大忽然想起要在干干中推行识字运动。因为干干中,除了领二弟的郭大姐能唱唱《天雨花》《再生缘》,再没有第二个识字的了。

高干是个沉默寡言的人。有时大大在报纸上看到些有趣的事,如"鸡兔同笼",只有学生才会考虑的四则算题,高干居然算得出来笼中有几只鸡几只兔,我非常佩服。(因为我算术最差。)

大大每天早晨趁朱干为她梳头时,排开二十个方块字在桌上,一面梳头,一面教朱干认字。没有多久,朱干竟把一盒字认完。认字以后,她还不甘心,又自己花钱,买来九宫格大字纸,练习写大字。不记得有多久,居然能自己阅读《天雨花》《再生缘》,不必劳郭大姐说唱了。到后来，连《西游记》、《三国演义》也能勉强看下去。每晚在一盏煤油灯光下，十分耐烦有兴致地看。遇到不认得的字，就把我踢醒问我。那些古人的名姓，都是平时不常见到的，我不认识，就胡诌乱说，她也信以为真。她认为，我们既进了书房，一定认识，经常向我和二姐问字。

有一次，朱干向我和二姐招手示意，要我们跟她到厢房去。原来，为了酬谢二姐和我，她请大师傅做了一大盘醋熘黄鱼！我同二姐美美地饱餐一顿。这是我一生中很少吃到的好黄鱼。

从上海搬到苏州寿宁弄大宅院，天地广阔多了。有一次，朱干从外面捡到一只小狗，就带回来喂养，取名阿福。阿福长大了，除了两只黑色下垂的大耳朵，全身黄色，尾巴也是黄的，卷的，毛绒绒的，好看得很。你拍拍它的脑袋，它就向你摇尾巴，又雄壮，又亲人。

夏天日长事少，常常看到朱干干手执鞋底，坐在小板凳上打瞌睡，阿福也伏地而卧。因为圆门外就是花园，通风凉快，她同黄狗睡得十分酣甜。

我是从来不睡午觉的，走路总是蹦蹦跳跳地跑。有一次我从前厅通过过道往后院跑，忽然阿福发疯似的从内院往外跑，我躲闪不及，被撞倒在地，跌得好重，我不敢吱声，揉揉疼处，悄悄走开。我怕朱干骂，我又爱阿福。

对朱干，我要写的太多。后来她把自己的孙子送来北京念书，解放后在农村做了不少工作。她非常有毅力，有自己的看法，从不动摇。

她从小带领我，教育我，对我要求严格。我这辈子经过多少风风雨雨，得以颐养天年，至今不衰，一部分和朱干对我的教育有关。

一九九七年六月二十七日毕

我的汪干干：老妈
——干干列传之一

张宇和

家里每个毛姐、毛哥断奶后，都由一位干干带大。不是湿带（喂奶），而是干带，所以称干干，也就是干妈的意思。

除了二哥的干干有名有姓唤郭大姐海波外，所有干干都只有姓，没有名字。陈干干（大姐元），窦干干（二姐允），朱干干（三姐兆），钟干干、张干干（四姐充），夏干干（大哥宗），郭大姐（二哥寅），高干干（三哥定），我的汪干干，那时最小的五弟又由陈干干带。九个小孩就有九位干干带。我一直叫我的汪干干——老妈。

老妈，合肥北乡双墩集人。娘家姓汪、婆家姓刘。婚后添了个儿子，不久丈夫就病故了。年轻的她趴在棺材上嚎啕大哭，很伤心、很累，也很饿。开饭时家人盛饭给她，一下就扒干净了。接她空碗的人问道："大姐，还要添不？"她这才脸一下子红到了老颈巴子。一大海碗饭，还有几大块鲜肉呢！该派什么都吃不下才合适，可她没有装模做样。她回忆说，自己也好笑。

干干们大都命薄，很早失去了丈夫。老妈更苦。守寡后，好不容易把儿子拉扯到娶亲，才生了个丫头，儿子又死了。家里没有男人支撑，才出来帮人。到我家还拖了个孙女小二翠来。后来二翠上了小学，傻不唧唧地说："我家三个人三个姓，奶奶姓汪、妈妈姓方、我姓刘。"她还觉得很有趣。方大姐从乡下跑出来，为的是族里人逼她再嫁，到上海纱厂做工，不时到苏州看女儿，总带些红枣、桂圆孝敬我老妈。

可惜没有几年，劳累过度，害痨病死去。老妈虽说命苦，脸上总还堆着笑，好像都无所谓，听天由命。

老妈干活很利索，胆子又大，比井绳粗几倍的大蛇，干干们中只有她敢打。身体虽壮实，却有多种病痛，主要是因为生孩子三天就下地干活。她信偏方，为治腰痛，把干蜈蚣、蝎虎夹在粑粑里吃。有一次我爸爸看见她在井边拾掇猪脑子，说是吃了治头痛。我爸爸问她："人头痛吃猪头脑，猪头痛吃什么呢？"老妈睁大眼睛："猪还头痛？"她觉得这位知书识理（礼）的少爷也不怎么的，同样有叮笑的地方。

她没有文化，一字不识，是干干们中最chuai（笨拙）的一个，在九如巷那么多年，除了离家不出一百米的平桥头外，到观前街就不认得回家。说话虽然平和，用语却极端粗野，可是没有恶意。十姑娘、倒姐姐之外，管吃叫"丫"或"入馕"，如"如囊饭"；喝叫"灌"、"灌茶"、"灌汤"；睡叫"挺尸"；闲话叫"嚼蛆"；闲逛叫"骚浪"；哭叫"淌猫尿"；更创造性地把鼻涕和脑浆混为一谈，常常朝拖鼻涕的我吼："看你，还不赶紧把头脑子打浪打浪。"

自己不识字，还很讲究。嫌孙女翠英的名字不好，央小学老师另取个学名。听到名字叫"佩珠"，大发脾气：已经"牛（刘）"了，还配个"猪（珠）"！"看来读书人不怎么样！"说她不文，也不尽然，有一次问我为何骚浪到天黑还不回家，我回说："演戏，老师叫练习表演。'表演'你懂吗？"她本来就对老师不那么佩服，冲着我说："我是不懂，'裱眼'、'裱眼'，还'糊'鼻子！"倒蛮会散扯的。

憨厚老实的老妈是干干们开玩笑的对象，她从不恼，有时还配合得很好。郭大姐是干干们中的秀才，欢喜热闹，成天乐呵呵的。她什么戏都爱看，上至姐姐们的昆曲，下至我们小学生的《麻雀和小孩》，全有兴趣。乐益女中开会演出时，她趴在窗框上，一双小脚一站几小时，也不叫累。干干中就她认识不少字。常在院门洞内或走廊台阶下，围上一群干干听众，听她又讲又唱《再生缘》。她看着唱本，有精有神地说唱，又是皇甫少华公子落难，又是孟丽君小姐如何女扮男装得中状元的故事。说到伤心处，赢得干干们满眶泪水。老妈虽然一知半解，也跟着大家抹眼泪。

最有趣的一次，钟干干随四姐来了。那时四姐跟亲奶奶住在合肥，不常来。干干们把钟干干当做大客人。在干干们的房里，郭大姐歪歪嘴，让钟干干注意睡在床上的老妈隆起的肚子。钟干干会意地轻轻问："那么多年都挨过来了，还……"郭大姐微微点头，低低拉长声音说："哈不讲来（谁不那样说呢）。"大家盯住一语不发又涨红了脸的老妈，钟干干深情地拉住老妈的手，半天没有一句话，不知是责备、安慰还是同情好。蓦地里，郭大姐伸手从老妈的棉袄下拖出一只姐姐们唱昆曲用的板鼓来，顿时人人大笑。钟干干这才一边大叫"郭疯子、郭疯子"，一边追着要捶郭大姐，还说老妈真会"裱眼"。老妈只是憨笑。这是我亲眼看到的一出戏。

说老妈从不生气也不尽然。毛哥们玩着玩着就吵架，干干们总是维护自己带的毛哥，互相吵闹。当干干们气还没有消的时候，我们又玩到一块去了。不过最叫她伤心的事，是我那双不争气的脚。我们都穿各自干干做的布鞋。她鞋做的很细致，鞋底针线纳得很密。倒不是为我穿鞋费生气，而是为她做的那么格振振的（漂亮）鞋上不了脚。我的脚的确是出奇地丑。左脚大拇指特大，右脚大拇指又向内拐。老妈自以为做的鞋子很俊，一上我的脚就没有个样子。不怪每次试新鞋，她看了直摇头，老是叹气说："未见过世上有这双脚！要是长在我身上，日里不得手（没工夫）晚上也下狠心把它剁掉。"

干干们在我们张家一待就是十几年、几十年，像自家人一样。对我们吃、穿、用样样都管，很有权威。最烦人的是管头管脚。吃饭不能咂嘴；不许把饭粒撒到桌子上；吃西瓜不让挑大块；不准吹口哨，用她的话是嘴撅得像鸡屁股眼似的,那不成!要站有站相、坐有坐相。规矩忒多。

很快我长大了。十八岁那年我去日本,临走前她哭得厉害。我第一次看到她那么伤心。她比丈夫、儿子、媳妇死的时候还要难受。高干干等在一旁劝说:"四毛哥留学是好事、喜事,不兴哭。"老妈呜咽着直点头,用围裙一遍遍抹眼睛,泪水还是直涌。我当时正是"无情又年轻",觉得小题大做,根本没有理会到她可能已经认识到,再也见不到她的哥儿了。果然,抗战中她就在合肥乡下病故了。直到解放后,高干干提起这件事,还嗔怪她话说得不好。我走后,老妈辞工回乡的时候,老先生(高干干在解放后称呼我爸爸)问她:"四毛哥回国还来吗?"她说:"不来了。"我爸爸又问她:"那么娶亲该来吧!"她连声回绝:"不来了,也不来了!"高干干说"这话回得不好",认为是谶兆。直到今天,老妈憨厚的样子还在我的脑子里!

父亲张武龄（一八八九年八月～一九三八年十月），字冀牖、吉友。

亲爱的父亲

一九三八年深秋,那时我和有光在雾重庆有一个温暖的小家。一天早上我正要到枣子岚垭去参加曲会,有光问我:"今天还要去吗?"我说:"是呀,有什么事吗?"他支吾着:"我没什么事,你去吧。"往日我每次去,他总要说"早点回来",今天话语有些吞吞吐吐,神色不对。我有些迟疑,但还是去了。心里不踏实,只唱了一个曲子就匆匆赶回了家。一切却是很平静的样子,照常的午休、下午茶。晚饭后,有光轻轻地走到我身边,拿给我看一封电报:"父逝,告弟妹。"是大姐打来的。

我把电报放在枕头底下,整整哭了一夜。

人一落生,世上最亲最亲的两个人,顶顶疼爱我们的爸爸、妈妈,都没有了。爸爸在世时,即使相隔再远,也总幻想有一天能全家相聚,再重温童年幸福的生活。爸爸去了,那无限美好的时光将永远只能留在梦里了。

一九二一年,父亲坐在母亲的棺木旁,久久凝视着母亲年轻美丽苍白的脸,凭人怎么劝也不让盖棺盖的情景,一遍遍在我眼前出现,如今他们又团圆了,妈妈还是那么漂亮吗?我的永远不老的爸爸、妈妈……

我的曾祖父张树声清同治年间曾在苏州任江苏巡抚,后升任两广总督等职。曾祖父生有九个儿子,祖父张云端是长子,曾任过四川川东道台。祖父膝下无子，父亲是从五房抱过来的。父亲四个月时正好祖父要上任，就带上父亲和奶奶乘船同去。船日夜行驶在惊涛骇浪中，巨大的声响伤害了小婴儿的耳膜，父亲从此终生听力不好。

祖父死在任上，父亲回到安徽合肥张家老宅。

当时合肥有五大家族：周、李、刘、蒯、张，张家敬陪末坐，也算得是望族。合肥西乡的田大多是张家的，东乡的田大都是李（即李鸿章）家的。刘家后来到上海办金融，很开明。张家和刘、李两家都有姻亲。

当地有民谣"十杯酒"，记得其中两句：一杯酒，酒又香，合肥出了李鸿章……三杯酒……合肥又出张树声……家里有万顷良田，每年有十万担租，是典型的大地主家庭。父亲可能是因为很早就离开了老家接受了新思想，他完全冲出了旧式家庭的藩篱，一心钻进了书堆里。这个家庭带给他的最大便利和优越条件是他可以随心所欲地买书。他痛恨赌博，从不玩任何牌，不吸任何烟，一生滴酒不沾。

父亲十七岁结婚，妈妈比他大四岁。达理知书温良贤德的母亲不但担起了管理一个大家庭的重任，而且一直像大姐姐一样爱护、关心、帮助父亲。

辛亥革命后，父亲觉得，这样一个衣食富足的大家庭，众多子弟中很可能会有坐享其成、游手好闲，甚至纵情声色之徒，在骄奢淫逸中消磨时光和生命。如果长久在这样的环境里，自己的子女将来说不定也会受影响沾染恶习。同时也受到祖父办"洋务"的思想影响，父亲早有志于办教育以强国，遂决定离开合肥。一九一三年，父亲带全家搬到上海。那时我二十二个月，叫名（虚岁）三岁。我们住的是一个石库门的大房子，七楼七底，还有亭子间，院子很大，可以摆十几桌酒席，月租金是二百两银子。如果不是发生了一个意外事件，也许我们还会在上海住下去。

一九一六年，祖母去世了，丧事办得场面很大，家里每天有十几桌客人，还请了和尚念经和放焰口。忙乱中，突然有一天发现大门口有一颗炸弹，全家人都吓坏了，出丧的日子比预定提前了几天，家里怕出问题，没让我们站在孝子孝孙的队伍里，孝棚里的许多东西也是假的。好在没出什么大问题。为了避免再有意外，一九一七年，全家搬到苏州。

在苏州，我们度过了一生中最幸福的日子，父亲对书籍的热爱和对知识的渴求也得到了最大限度的满足。当时能订到或买到的所有报纸他都要看，《申报》、《新闻报》、《苏州明报》、《吴县日报》等，以及一些比较出名的小报，如《晶报》、《金钢钻报》等。至于家里的藏书，在苏州是出了名的，据讲不是数一也是数二。家里专门有两间很大的房间，四壁都是高及天花板的书架，整整齐齐摆满了书。除了为数不少的善本和线装书外，父亲不薄古人也爱今人，现代和当代出版的书籍，各种名著和一般的文艺作品他都及时买进。尤其是"五四"以后一些最新鲜最富营养的作品，如鲁迅先生的作品和许多流派的新书名著他都一本不漏。

大姐元和曾回忆说："父亲最喜欢书，记得小时候在上海，父亲去四马路买书，从第一家书店买的书丢在第二家书店，从第二家买的书丢在第三家书店……这样一家家下去，最后让男仆再一家家把书捡回来，住的饭店的房间中到处堆满了书。"在苏州的闹市观前街上，有两家规模较大的书店，老板、伙计都与父亲很熟悉，父亲一去他们就陪着在书架前挑选。平时书店进了新书就整捆地送到家里来，父亲买书都是记账的，逢年逢节由管家结账付钱。当时苏州的缙绅富户不少，但像父亲这样富在藏书、乐在读书的实在不多。

父亲的藏书我们可以自由翻看，他从不限制，书籍给我们的童年和青少年生活带来了巨大的快乐。但钟鸣鼎食、诗书传家的生活并没有使父亲满足，他想让更多的孩子，尤其是女孩子接触新思想，接受新生活，用知识和文化的力量，使她们摆脱旧的陈腐的道德观念的束缚，成为身心健康的对社会有用的人。父亲开始办了一个幼儿园，他的初衷是想完成一个幼儿园——小学——初中——高中——大学的系列规划，但因力所不及的种种原因，真正办成并坚持了十七年的只有乐益女中。为乐益，父亲倾注了全部的精力和财产。余心正先生在《启蒙先贤张冀牖》一文中曾经写道：

> 自古以来，教育成家，在质不在量，更不在规模之大小，学生程度之高低。张老先生仰慕"乐土吴中，开化早，文明隆"，辛亥革命后举家来苏，筑小小园林，从办幼儿园、小学开始，再办平林男中、乐益女中。接着两次办起高中部，皆因时局变迁，当局掣肘而匆匆下马。他原想学马相伯老人办一个"苏州复旦"的心愿，亦因世事茫茫，终成虚话。
>
> ……
>
> 然而，学校之尊严，维护不易。老先生捐出祖产巨资，让出宅园二十余亩，建校舍四十余间，应有的教学设备，无不具备。他有十个子女，如按三千大洋培养一个留学生计，有三万元亦能全部出国留学了，但他连这笔钱也省下来，用于学校。为的什么？为的坚决不拿别人一文钱，无论是当局的津贴、教会的赞助、好心人的募捐，一概谢绝；惟如此，方始做得我行我素，独立自主。可是，他又决非一钱如命，迥异于一般私立学校之以"创收"为目的，每年拨出十分之一的名额，招收免费生，以便贫家女儿入学。比例之高，江浙一带罕见。老先生对莘莘学子如此厚爱，对诸亲好友却悭吝异常，凡有告贷，均以"闭门羹"却之。

父亲对我们四个女孩子尤其钟爱，他为我们起的名字不沾俗艳的花草气：元和、允和、兆和、充和。后来有人在文章中说，张家女孩子的名字都带两条腿，暗寓长大以后都要离开家。我想，父亲从小给了我们最大限度的自由发展个性、爱好的机会，让我们受到了尽可能好的、全面的教育，一定是希望我们不同于那个时代一般的被禁锢在家里的女子，希望我们能迈开健康有力的双腿，走向社会。

父亲在家里从不摆架子耍威风，甚至对佣人也没有训斥过，只有一次门房杨三赌钱，父亲敲了他的"栗子"（用指头敲脑门儿），因为父亲最最恨赌钱。我们四姊妹中，大姐元和文静端庄，是典型的大家闺秀；三妹兆和忠厚老实、聪明胆小但有时也非常顽皮，因为是家里的第二个女孩子，没有人娇惯她，她也习惯了在做了错事后挨罚时老老实实的，不哭也不求饶，处罚决定都是妈妈做出的，大多是罚坐板凳或关在房间里不让出来；四妹充和聪慧乖觉，规规矩矩，加上从小过继给了二祖母当孙女，很少和我们在一起，印象中她从不"惹是生非"。我是家里男女孩子加起来的头号顽皮大王，从小体弱多病，仗着父母的疼爱"无法无天"，有时还欺负好脾气的父亲。父亲年纪轻轻就有些秃顶，没有几根头发却很欢喜篦头，一有空就靠在沙发上说"小二毛，来篦头"。我站在沙发后面很不情愿地篦，篦着篦着他就睡着了。我拿梳子边在他脑袋上边戳边说："烦死了，烦死了，老要篦头。"他只好睁开眼睛躲着梳子："哎，哎，哎，做什么，做什么戳我？"我顺势扔了梳子，父亲并不真生气，自己把头发理好找话逗我开心："小二毛，正在看什么书？"

父亲在这种时候常给我讲故事，他讲的故事不但有趣味还有文采，让人一辈子也忘不了。比如近八十年前讲的一则成都诗婢家的小故事：那个注四书五经的郑玄（郑康成），家里尽为诗婢、书婢。有一天一个丫头跪在院中，另一丫头看见问："胡为乎泥中（为什么滚一身泥巴）？"跪着的丫头答道："薄言往愬（也曾向他去倾诉），逢彼之怒（他反而向我大发怒）。"家中丫鬟玩笑时皆用《诗经》中语，可见其中文采。也能知道通过细微言行所倡导的是什么样的家风。"七七"事变，我家避难在成都，我在街上看见一家招牌"诗婢家"，是一家裱褙店。我恍然大悟，又记起了爸爸的这个故事。

家里小孩子多，各种大大小小的杂事也多，大大一时顾不上管教我们，干干又宠着我，我得意起来就无法无天霸道得很。小时候有一次吃饭，我顾不得有一大桌人，两个胳膊拉开架势趴在饭桌上，既不雅观也不礼貌，边上三妹兆和被挤得碗都端不安稳。爸爸看见了，随即念了一首打油诗："好吃无如王二麻，未曾入座手先抓。常将一箸擒三块，贯将双肱压两家。咬到口边流白汁，叉翻碗底露青花。细看席上无余物，闲倚栏杆剔臭牙。"一家大小听了哈哈大笑，一向得意的我很是下不来台，狠狠戳了身边的三妹一下："笑什么笑！"她吓得不做声了，我连忙把胳膊放了下来。从此以后，我时刻记住餐桌上的礼仪。几十年后，我们姊妹一起说笑时三妹又提起，我说："没有这回事，我完全记不得了，爸爸说的不是我。"其实这首打油诗我一直记到今天。

小时候生活中还有许许多多这样难忘的小故事，我还记得的这样一个笑话：说有人被判死刑，死后到地狱，阎王罚他变狗，他说："那我要变母狗。"问他为什么，他说："孟子有云：临难毋苟免，临财毋苟得。"原来他把"毋苟"读成了"母狗"。我给孙女庆庆讲过，可惜这一代人都太忙，不一定记得住也不一定感兴趣。重孙小安迪五岁正是可以听这样的故事的年龄，可他在加拿大，不可能有人给他讲，每次回来的时间太短，玩还不够呢。

我是急性子，说话快，走路快，做什么事都快。我看书一目十行，父亲更快，一目十二行。我做过试验，和父亲同看书，我还有几行没看完他已经翻页了。父亲爱看书不但影响了我们，连家里的佣

父亲与四个女儿在苏州九如巷,前排允、允,后排元、兆。

人、保姆做的时间长了都染上了书卷气。他们从识字开始,到看书甚至评论故事情节和书中人物。我还能记起他们常说的有《再生缘》和《天雨花》。

父亲从小喜爱昆曲,年轻时就对曲谱版本进行研究。我十一岁左右,一九二一年前,昆曲传习所尚未成立,爸爸就带我们到全浙会馆(苏州养由巷)看昆曲。全是曲友演戏。有教育局长潘震霄的戏,其他的戏全不记得了。我爸爸带去的曲谱好多好多,比我们的个子还高。他要我们看戏时对照看剧本。我们只顾看戏,怎么也对不上台词,看戏又看剧本我们认为是苦差事。父亲请了专门的老师在他的书房里教我们姐妹识谱拍曲,让我们看书看戏。我淘气得要命,只看戏不看书。大姐顶规矩,认认真真学,后来又参加曲社,拜名师,习身段,生旦两角都擅长,以至终身姻缘、爱好、事业都因昆曲而起。父亲的爱好多种多样,尤其对新出现的东西,从不放过。当时照相机是极新鲜的东西,我们家里有近二十台,小孩子可以随便玩,我们几个姊妹都没有兴趣,五弟寰和喜欢摆弄,父亲和蔡元培先生的这张照片就是他照的。百代公司出品的家庭小型电影放映机一问世,父亲就买了一台,这在当时是再"摩登"不过的事了。他曾经带了这个大家都认为是很古怪的东西,到江阴长泾的穷乡僻壤去传播文明。他还把当时流行的美国喜剧明星卓别林、罗克的影片放给大家看,这种机器放十分钟就要换片子,父亲乐此不疲,观众捧腹大笑,他就得到了更大的满足。

爸爸收集的留声机各种各样,从大喇叭的到手提的小盒,最老式到最新式无所不有。唱片更是不计其数,架子上放不下就放在地板上,有些受潮都翘起来了。唱片没有什么时髦摩登歌曲的,几乎都是京剧,从谭鑫培到梅兰芳,能买到的他几乎都有。我们姐弟跟着唱片学会京剧,几个弟弟最带劲,寅和二弟学得最认真刻苦,九岁就在青年会唱

《空城计》中的孔明,宗和大弟的司马懿,定和三弟、宇和四弟的老兵,张家的少年班人才济济,都是在爸爸的书房受到的启蒙熏陶。

我们在苏州的家里,爸爸和大大各有一间书房,中间隔着一个芭蕉院,有时可以看到他们隔窗说话,那永不落叶的芭蕉像一条绿色的绸带连着爸爸大大的心,书房平时没有人去,我曾偷偷钻到母亲的书房看过,记得最清楚的是母亲的书桌上有一个铜镇尺,上面刻着七个字"愿作鸳鸯不羡仙",这一定是爸爸妈妈的共同心愿。

距父亲去世整整六十年了,父亲的言谈举止在我心里依然那么鲜明、亲切、温暖。

爸爸轶事

张宇和

爸爸爱好文字学。家里小黑板、砖地甚至酱缸盖上尽写的是篆字。我正上小学，觉得很有意思，便把背得出的唐诗用"篆"体一本正经地写在小本子上。无非是把字的每一笔头尾都拉长，向上下弯起来，倒也龙飞凤舞，很得意。爸爸翻到本子，笑着说："不能杜造。"随手用粉笔在方桌上边写边讲。桌面不够，蹲下在方砖上写了一大片。我当时不是不甚了了，而是甚不了了。心想，我的篆字倒多少还看得出是什么字；你的大多没法识。自然听不进去。等到他发现所教的是我这个孺子后，也只好笑笑，把自己写的一地字欣赏一遍走了。

大表伯刘麟生当金陵女子文理学院院长时，曾请爸爸去讲文字学。据说去南京三天就回来了，足见他教小学生和大学生都不在行。倒是他的十个子女，我们后来都当了或当过出色的教师。

爸爸从不臧否人物。我读苏州中学，头两个学期品学兼优，得奖学金。第三个学期我被校长汪懋祖（反对白话文、和鲁迅打"此世彼生"笔墨官司的名人）公布"该生书面侮辱师长，着记大过两次，留校察看"，学期终了被勒令退学。爸爸拿着通知问究竟，我一五一十地说："因为党义课老师照本宣科，每堂课有十多分钟没有话说，站在讲台上发愣。我写信问他，是在向孙总理默哀还是没有备课？若是后者，劝他多看些参考书，附了一张书单。后面还签名盖章（当时刚刚拥有一方私章，也是光明正大的意思）。信奚落得够厉害，料他不会让人看。不料他居然好意思把信交到训育处。主任卢胖子（后来曾在安徽政治学院和大哥同事）找我去，很婉转地说党义课每周虽只一小时，教员顶不好请（正在清党，国民党县党部委员以上才能任课）。你父亲是办教育的，不会不知道。我说这我不知道。——就这些。"听完后爸爸半天没说话，望着远处笑了下，轻轻地说："你没有错，他（指卢胖子）也没有错。"然后问我下步怎么办，"考别的学校！"他点点头，一拍手，一句也没有责怪。

爸爸讨厌人赌博。寿宁弄宅院很大，长工会躲在柴房等僻静处打麻将。爸爸一次突然出现，走避不及的都吓坏了。可他没有发话，也没有发脾气，只笑微微地从桌子上抓了一把牌走了。缓过神来的赌徒们垂头丧气，等待发落。老不见消息，反倒一直惴惴不安。议论中说是听见把牌抛向二楼瓦屋顶上去了；又说有人看见撒进花园大池塘里了。总之，结论是去说也无益——其实是谁也不敢去。少了好几张的牌自然打不成了，它又是从外边租来的，少不了凑钱去赔人家。

爸爸有他的办法，爸爸每吃一口饭，习惯将嘴唇在碗边上轻轻抹一下，不让饭粒粘在唇边。——好像我们中只有三哥有这一"遗传"。细瓷饭碗很容易破损，干干们又舍不得把缺损不大的碗随便丢弃。不止一次，爸爸拿到微有缺痕的碗时，总是不做声，仔细用手指按住缺损处使用。直到用完饭，才在桌边把空碗平举着，然后一松手。坐在旁边的妈妈点头微笑，知道是让这种碗不再上桌的有效处理方式。可是一旁管饭的郭大姐见到举碗时，急得一边嚷着："有这么巧！"一边踮着小脚抢上前，伸手要接。"咣当"声中，一桌人都笑起来。环顾左右，爸爸也笑着问笑什么。

定和为父亲所作速写像。

回忆爸爸二三事

张寰和

寻师访友

爸爸的知识、新思想的主要来源，是大量购买、阅读新旧书籍和广泛浏览各种大小报纸。有关这些，韦布小舅舅和允和二姐的文章中都叙述得很详细。另外就是爸爸喜欢经常寻师访友。

在创办乐益女中前后，他访问、请教过苏州和各地的教育界知名人士，如张一麐、吴研因、沈百英、陶行知、龚鼎、杨卫玉、王季玉等，并聘请张一麐为董事长。

一九三五年，我陪爸爸去中央研究院沪办访问蔡元培先生，为他们两人在门前拍了一张合影。同年又陪爸爸去徐家汇天主教堂访问马相伯老先生，那时他已经九十多岁了，年事已高，坐在躺椅上和爸爸谈话，告别时马老先生没有出送。爸爸为了纪念这次访问，在花园圣母塔前，请人为我们拍了一张照片。爸爸模仿圣母立着，要我按照圣徒的姿势蹲在他的脚前，这两张照片至今还保存着。

三十年代初，我在上海光华实验中学读书，学校请胡朴安老先生讲授《荀子》。爸爸妈妈连续到校听讲，和我同坐一个教室，他们坐的是第一排。妈妈在无锡国专修学馆读书时，爸爸也经常去听唐文治先生讲课。

一九三五年，章太炎在苏州锦帆路创办章氏国学讲学会，爸爸和

一九三五年,张武龄与蔡元培摄于上海中央研究院。

妈妈也经常去听讲,并和章太炎、汤国梨时有往来,研究讨论。

爸爸寻师访友,虚心请教,集思广益,使他的知识不断丰富,思想能跟上时代。

想象力丰富,有创新思想

爸爸做的有些事情,在平常人看来多少有些"奇怪",小舅舅赠他"张奇友"的雅号是受之无愧的。

他曾设想,在大门后一个升旗用的平台上,修建天文台,观测天象。他还叫木匠把一个红木大方桌一锯为二,分置两壁,为的是物尽其用。

为了节约空间(其实家里的地方太宽敞了),他叫人把一张大棕垫吊在西边走廊通楼上的转弯处,要宇和四哥每天晚上搭了梯子爬上去睡觉。睡了几天,有天晚上,四哥突然被噩梦惊醒,大哭大闹,再也不肯爬上去睡了,爸爸只好叫人把棕垫拆下来。

更有趣的是住在寿宁弄时,爸爸突然想起叫人把南面的大厨房,搬到北面花园,紧靠寿宁弄的一间屋子里,一个大烟囱正对着十六爹家的大门,患有精神病的十六爹认为大不吉利,勃然大怒,闯上门来要教训爸爸。爸爸知道后就躲在楼上姐姐们的住房里。那时我才五六岁,爸爸对我说:"十六爹要问你我在哪里,你就说不知道,不然十六爹要把我的头打破了。"我刚下楼,在花园曲廊中就碰到十六爹,他直瞪着双眼大步前来,当差陈二扛着一根好粗的大门闩跟在他后面。十六爹问我:"小五狗,你爸爸在哪里?"我应声而答:"不知道。"他从花园走到住宅,从住宅走到花园,兜了个大圈子,没有上楼,因为楼上是女眷住的。最后他走到前面新的大厨房,站在锅台上,向大锅里撒了一泡尿,还令陈二把大锅、小锅、大缸、小缸统统打破,扬长

三十年代中,张武龄至上海徐家汇天主教堂访问马相伯先生,摄于钟楼下。

而去。爸爸无可奈何，只得乖乖地拆掉大烟囱，把大厨房搬回后面。佣人们笑着说，"小神经"玩不过"老神经"。

虽然如此，但是爸爸提倡女子教育、创办乐益的理想得以实现，这是他一生最大的成功！

对新事物感兴趣

爸爸买了许多留声机：有用钻针的、有用钢针的，有大喇叭的，有手提的。还买了许多唱片：从洋人大笑到梅兰芳、谭富英的京剧，还有昆曲和各类戏曲、歌曲等，我们经常听自己喜欢的唱片。

爸爸还买了拍摄电影的电影机和放映机，都是法国百代公司制造的。二表姑和五爷结婚时，爸爸用新房粉红帐子做银幕，放映了罗克主演的滑稽片，引得满房客人哈哈大笑。后来我用电影机在上海法国公园拍了一些风景片，放给同学看，大受欢迎。

爸爸买了好多照相机，都是爱克发等名牌，我对它们很感兴趣。其中有一个光圈是1.2的，我用它从大光明电影院银幕上拍了一张葛雷泰·嘉宝的特写镜头，很清楚。

爸爸非常喜欢别人替他拍照，他和家里人、乐益师生、亲戚朋友，在家里、虎丘、留园、天平、虞山、玄武湖等处拍了不少照片。有一次特地带我和我的小朋友李孝侯，到狮子林拍照，李孝侯也特地穿了件新长衫，衣冠楚楚地和爸爸在假山前拍了一张照片，那是他一生里的第一张风景照片。

有一次，住在上海四川新亚大饭店，他一手握着电话听机，一手揿着电话按键不放，要我替他拍一张"听电话"的照片，他十分高兴，因为他耳聋，自己从来不听电话。可惜这些照片都在"文革"中被红卫兵当做"四旧"破除了。

上世纪三十年代初,张武龄与韦布在乐益小亭。

乐益师生情

匡亚明每次来苏州,不是邀我们到他住的宾馆相会,就是他来九如巷聚谈。一九八七年秋天,他来九如巷茶叙,谈起一九二八年他还年轻时,在乐益教国文,但古文基础不深。爸爸知道后,就经常在晚上到他宿舍去,为他讲解有关课文,对他帮助很大。在他受到被捕威胁,避难到青阳地盘门二马路姚家珍家时,爸爸还送他路费。乐益的学生沙韫、李珉贞、吴秋琴等在他危难之时还陆续去看他。谈到这些,匡老十分动情,他深切地怀念乐益,怀念爸爸,怀念一些他教过的学生。

爸爸和侯绍裘、张闻天、叶天底、王芝九等老师们相处非常融洽。爸爸亲自到松江聘请侯绍裘来乐益任教务主任。一九二五年"五卅"运动时,爸爸接受他们的建议,停课十天,搭台演戏三天,还上街募捐接济上海罢工工人。在他们被迫离开乐益时，爸爸赠送了路费。这些老师对乐益和爸爸都十分怀念。上世纪八十年代后期，张闻天从无锡到苏州，曾在亲戚的陪同下，来到乐益旧址门前徘徊寻旧，可惜我们没能和他联系。后来他伫立良久，始行离去。在乐益，他们建立了共产党苏州的第一个组织——中共独立支部。葛琴（邵荃麟夫人）、傅学文（邵力子夫人）和我的三个姐姐都是他的学生。允和二姐深深记得，张闻天曾教过她们读过《鼻子》、《齿痛》、《最后一课》等课文。他历经坎坷六十多年，仍然恋恋不忘乐益。

爸爸接近学生，关心学生，爱护学生，深得学生们的尊敬和爱戴。八十多岁的王莲话，是抗战前的乐益学生，她听说我要编乐益校史，特地把她珍藏六十多年的毕业纪念册送给我。册中有爸爸（校主）的照片、为她们班级的题词、校舍和校园的照片等。她谈起爸爸鼓励她参加童子军，还特殊批准她去镇江参加集训。想起当年的喜悦，还十分高兴和激动。

有些女孩小学毕业后，家贫不能升学，爸爸知道后，就叫教师动员她们免费入学。同时还设置了较多的免费名额，使有些女孩能继续升学深造。她们和她们的家长都十分感激爸爸对她们的帮助。

爸爸自己虽然不上课，但经常乐于参加学生的各种活动，如运动会、游艺会、远足等。匡亚明指导学生演出田汉的《南归》、《湖上的悲剧》等话剧，爸爸都十分赞许。

乐益的学生对学校和校主都有深切的感情。幼年的我，经常在乐益嬉戏，有些高班的学生待我很好。我看到她们临近毕业时，舍不得离开学校，朱舜英、刘仁芳等，哭哭啼啼在梅花树下挖了一个很深的坑，把和她们朝夕相处的竹片名牌，用小手绢包好，深深埋入土中，表示她们虽然远离母校，但是要永永远远和乐益在一起。

一九二七年,匡亚明(左二)在乐益女中任教。

春来犹发旧时花

我很遗憾,没有读家塾,没有受到爸爸亲自教诲。二姐说爸爸带她看书,她还有几行没看完,爸爸已经看完了。爸爸常和她们(还有宗和大哥)论书谈诗,我却没有这"福分"。

我只记得爸爸在九如巷园中教我吟过一首旧诗:"梁园日暮乱飞鸦,极目萧条三两家。庭树不知人去尽,春来犹发旧时花。"一九三六年初春,我们在上海读书,假日回苏,和三哥、戴广述三表兄同访寿宁弄八号旧居,在花厅前盛开的白玉兰树下、在假山上小亭前,拍了几张照片。依然是旧时亭台楼阁,依然是雪白的花朵,可是旧时的主人们已离散各处。这情景和爸爸教我吟的那首诗的意境完全相同。我想爸爸一定是怀念旧居、离人,有所感慨而教我吟了这首诗。

合葬骆小河湾

爸爸一九三八年在合肥西乡逝世,只有妈妈和小弟宁和在侧,我们都远在后方,我在昆明西南联大读书,没能回家奔丧。可是一九四三年我却回乡主持了爸爸灵柩的安葬。

一九四三年深秋,我随二姐离渝,经宝鸡到西安,二姐在西安留下。我独自经洛阳、界首等地回到合肥西乡张新圩。爸爸的灵柩浮厝张新圩前西南方的一个股东的小山岗上。大寒那天,把灵柩运到骆小河湾和大大(母亲)合葬。灵柩用红绸裹好,八人一班,轮流抬行。起运时亲友、乡亲们都来相送,沿途还有路祭,路程三天。骆小河湾离周新圩较近,我先到周新圩,等灵柩运到骆小河湾。沿途不安靖,周二表叔派了圩勇胡尔红等陪同前往。

骆小河湾地势极佳,风景亦美。墓地坐北朝南,一弯清溪由西而

三十年代初,张武龄和乐益师生远足。

来环绕墓前。墓后一小丘,丘上和两边山坡上,长满成荫的苍松翠柏。墓地虽临清溪,但泥土却很干燥。

骆小河湾离日军驻地大蜀山仅十几里,山上的炮台、军营隐约可见。那时日军虽已不敢下山骚扰,但有时还发炮轰击。落葬这天,墓地虽人头济济,但是平安无事,乡亲们都说,这是你们爸爸和大大的福气。

叶至善致张允和信

允和姐：

　　昨天吃晚饭的时候，偶尔跟父亲讲起乐益女中，讲起许多早期的共产党员，如侯绍裘、叶天底，还有张闻天等同志，他们把乐益作为开展活动的据点，有的就在乐益当教师，有的暂时在乐益隐蔽。父亲说，您的父亲张老先生很了不起，他自己出钱办学校，把许多外地的青年请到苏州来教书；他大概不知道他们是共产党员，只觉得他们年轻有为，就把他们请来了，共产党从此在苏州有了个立足的地方。父亲还说你们兄弟姊妹都有专长，都有出息，可见张老先生教育子女很有见地，也很有办法。父亲说应该给张老先生写一篇比较详尽的传记，叫我把他的建议告诉您，请你们兄弟姊妹商量商量，快点收集材料，快点动笔。顺颂暑安。

　　　　　　　　　　　　　　　　　　　　　　　至善　八月十日

一九一六年在上海。左起：兆和、寅和、万老师、宗和、允和、元和。

启蒙老师

一九一二年，全家搬到上海铁马路途南里住时，我们姊妹尚年幼。记得是我六岁那年（一九一五年），父亲为我们请了一位开蒙老师，姓万，来时十六岁。这张万老师和我们的合影，是在上海的照相馆里照的。那个年代到照相馆照相是一件难得的事，又是这么多人同时去，估计是和妈妈留下来的那张唯一的照片同一天照的。

万老师是无锡人，来教我们方块字。不久爸爸还延请陈先生在家教授《三字经》、《龙文鞭影》、《唐诗三百首》等课。我们三姊妹（元和、允和、兆和）每日还要书写大小楷。稍大一些，表姊妹大多入学校受教育了，但祖母说学校读书辛苦，饮食不调匀，不让我们姊妹去学校读书，爸爸遵祖母命仍延师在寓课读。

开蒙初学方块字的经历我记得清清楚楚。万老师第一次上课在我面前摆了四个方块字，因为在这之前我已经在母亲那里学会认识了不少字，所以其中有三个字我认得，只有一个"钗"字不认得，便心里很瞧不起老师，不服气地想："四个字还没教我就认得三个，只有一个字不认得，你还有什么教头呀？这种老师！"万老师一遍遍地教我念，我这个平时最欢喜讲话的人气鼓鼓地说什么也不开口。陪坐在边上的干干也认得几个字，看我下不来台，就一个劲儿地说："二姐呀，这是个'钗'字。"我还是不肯念，心想一定要给老师一个下马威。万老师拿我一点办法也没有，她刚来又不敢打人。我终于没有开口，下课憋着气离开书房,一天都像一只气鼓鼓的小青蛙,谁也不理。夜里在梦中,还是气、气、气,嘴闭得紧紧的,撅得高高的,咬着牙就是不说话,连气都不出……终于有了发泄的地方,身子下面一片冰凉——我尿炕了。

真有意思,我没给万老师下马威,自己在梦里下了台阶,从此开了窍,第二天开始乖乖地张嘴跟老师念书了。

念归念,淘气还是淘气,可几年里万老师从没有打过我,不是不想打,也不是不该打,而是不敢打。家里上上下下都知道,打了小二毛可不得了,她会跳起来,还没完没了地哭,劝也不停,哄也没用,到了吃饭时也不停歇,一点办法也没有。一同念书的三姊妹,大姐顶懂事,又乖,从不惹老师生气。三妹兆和有时比我还淘气,但她有本事,挨打挨罚,不哭不跳不反抗,闷着头不吭气,老老实实接受,罚完了,接着惹事,所以她挨打手板的次数最多。

万老师离开我们家的时候十八岁。

祖母一九一八年去世,第二年灵柩运回合肥安葬。阖家迁至苏州。此时大大仍遵从祖母遗训不让我们进学校,父亲请了三位老师在家里教我们,书房设在前厅右首,犹如小教室,挂有黑板,每次上课五十五分钟,有工人摇铃。下课,休息五分钟,再上另一课。两位男老师是从安徽定远县和扬州请来的,住在前厅左首,派有男工服侍。我们念的书在当时人的眼里甚至在现在一些人的眼光中都是不成章法的,教材常常是由爸爸和两位老师一起从《古文观止》、《文史精华录》等书中筛选编辑的,交一位叫郑谦斋的用大张纸以毛笔写了讲义给我们三人读,那时刚刚有了钢板蜡纸,又请郑谦斋给我们刻印。后来郑谦斋字越写越好,很工整,就升他到家乡田上去管租,当朝奉了。安徽定远的王梦楼(孟鸾)先生是个中年人,教我们小学课本的国语、历史、地理等等。他要我们每周写一篇白话文,由他批改。我们每人每周还要做一篇文言文,由扬州教文言文的于老师批改。"大字写两张,小字抄一纸"仍是每日必做的功课。这些对我们都不算什么,完成得毫不费力气。

我贪玩,晚上从来不念书,哪天知道老师要检查了,早上起来囫囵吞枣背一气应付老师。一天老师让我背《孟子》,我哇啦哇啦不打磕巴背得飞快,老师都来不及翻篇更没有发现我的偷工减料的秘诀。我自鸣得意,还把这种方法向大姐、三妹推荐。她们一个规矩、一个胆小,都不学我,所以直到现在她们说话都还是慢条斯理、文文静静的,我快九十岁了还没有学会慢慢讲话。

如今的寿宁弄。

寿宁弄——我们的乐园

一九一八年,我们全家离开上海搬到苏州。苏州胥门内有个非常逼仄的小胡同叫寿宁弄,走进胡同不远就是我们在苏州的家"寿宁弄八号"。这是个很大的院子,以前可能是一个大官宦人家的宅子,可我们哪里顾得上去考证宅子的历史,去打听这里发生过多少悲欢离合的故事;我们甚至没有耐心去细数那些大大小小数也数不清的房子。只记得院子的大门前有照壁,是逢年过节看热闹的场地。一进大门,有轿厅,再进西厢去是我姨祖母的佛堂,有个吃长斋的老姑娘常年在这里烧香供佛。院里有一株茶花、一株腊梅,两棵树下绕着茂盛的秋海棠。再进去,是一个砖砌的空院,门楣上书的是"一息景"。然后是五开间的两层楼房。逢年过节,西面两间,挂起了曾祖父母的画像,中堂祭祖宗,旁边留下一间做过道,前后来去有路可走。

爸爸同大大的卧房就在过道东边。大大常常在过道梳头。大大楼上是对着花园池塘的窗,老鹰常在柳树上啼唤,三妹兆和最早的诗句"池旁柳上有老鹰"说的就是这里。楼下再往北,有大大的书房,她就在这个书房记账、练字。郑板桥的道情,渔、樵、耕、读、老头陀、老道人,我们都是从大大写的正楷中知道的。爸爸有时从前庭走到大大窗前,同大大交换什么意见,又去做他的事。从过道可以走向我们的操场和书房。也同当时的风气一样,大姐曾画了一幅观音,每逢初一十五,我们必去烧香磕头。院子前面的七叶枫和白玉兰开得非

二十年代初,张武龄在寿宁弄八号书房。

常热闹。旁边还有一棵榆树,三妹到老了还会背:

> 谁道巴家窘?巴家十倍邹。
> 池中罗水马,庭下列蜗牛。
> 燕麦纷无数,榆钱散不收。
> 夜来添聚富,新月挂银钩。

我们三姊妹的闺房在第二进房子的楼上,开窗就可以看到后花园。在这个童年的乐园里,我们的最大兴趣是夏天的晚上在凉床上学唱苏州话民歌。我傻乎乎地爱唱:

> 唔呀唔呀踏水车,水车盘里一条蛇。
> 牡丹姐姐要嫁人,石榴姐姐做媒人。
> 桃花园里铺房架,梅花园里结成亲。
> ……

小时候记熟了的歌谣一辈子也忘不了。因为歌谣是和我们童年美好的生活联系在一起的。

寿宁弄的花园大极了,有水阁凉亭,有假山,有花草,有果树,粉墙黛瓦,幽美雅静,此景只应天上有、梦中有、书中有、戏中有。可它不是《牡丹亭》中的花园,小姐们进去也不必红娘引路,偷偷摸摸。每天我们只要离开了书房,放鸟归林,这里就不再安静。我们有时文文雅雅地学王羲之"临池洗砚",更多的时候是疯疯癫癫爬山、玩水。姨祖母房间的一个保姆姓赵,赵大姐的丈夫在我们家吃闲饭,他手巧得很,常用竹子劈成竹片编成小花轿给我们玩。我们那些大大小小的洋囡囡就派上了用场,穿上我们给做的滚了花边的衣服、帽子,坐在花轿里，保姆郭大姐走在最前边嘴里"哐，哐"地学锣声，我们抬着轿子浩浩荡荡从花园这边走到那边，满园子笑声。几次之后觉得玩假的太没意思了，就找来大弟当新娘。那年大弟六岁，白白的脸，头发有点长，我们把大大房中的胭脂花粉刨花水拿来，替他擦粉点胭脂，把刨花水拼命往他头上擦。大大找来红头绳给他扎了四个朝天辫，我找出十岁穿的镶着花边的殷红的中式上衣……都穿戴好了，真像一个俏新娘，就是找不到合适的裙子。还是大大想出了办法，找来一块很大的绸手帕塞在大弟的裤带上，又请出了二弟作新郎和穿了半边裙子的新娘拜堂，一本正经拜祖先、拜父母，拜客人磕好头起来时，新郎倌踩掉了新娘的裙子，"父母高堂"、"来宾"哄堂大笑，新娘子嘴瘪瘪地要哭，大姐忙搂过去："弟弟不哭，新娘子不能哭。"

花园中还有一个花厅，冬天我们的书房是在大厅旁的一间屋子里，我们叫它冬宫。春暖后我们挪到花厅里念书，书房只占花厅的三分之一，放四张桌子，三姊妹和一位老师，还有两个伴读的小"春香"，是奶妈和保姆的孩子。书房前是两棵大玉兰花，一棵紫玉兰，一棵白玉兰。刚一有点春信，就满树的花，我们不但看而且吃，求伙房的厨子把玉兰花瓣放在油锅里一炸，像慈菇片一样，又脆又香。花厅还有三分之一是我们的戏台，门窗上有红绿色的玻璃。靠近书房后墙的花园里有杏子树和枣子树，摇头晃脑念书时听到屋外杏子落地的"啪，啪"声，三姊妹互相看看都坐立不安起来，好容易盼到老师休息一会儿，三个人抢着往外跑，大大的荷包杏子甜极了，没吃够老师又回来了，赶忙藏在书桌里。再下课又忙着去捡新掉的，三个小姐的书桌抽屉里常能找到烂杏子。

每天早上一吃过饭我们就往花厅跑，上午读书，下午唱戏，从没觉得读书是苦事情，我一生再没碰到过这么美的书房。我们在这里度过了一生中最甜蜜、最幸福、最无忧无虑的时光，但也留下了最痛苦难忘的记忆。一九二一年大大去世，是秋天，十月十六日，就在寿宁弄八号的家里。大大快要断气的时候，一大群孩子跪在她的床两边，哭着喊叫。我就跪在她的右枕边。大大虽然已经瘦得很，但还是很秀丽。姨祖母给我们讲过大大做新娘时，盖头一掀，凤冠下的璎珞一挑，那双凤眼一抬，闪闪发光，使每一个宾客都大吃一惊。多美多亮的眼睛，可是现在，那双凤眼紧闭了，再也不能睁开眼睛看她的孩子们了。我看到，大大眼中泪珠滚滚，滚到蓬松的鬓边、耳边。我停止了哭声，仔细瞅着她。大大是听见了我们的哭声、呼叫声，她还没有死，她现在还活着。她哭了，她知道她将要离开人间。我想，我们不能哭，不能让她伤心。我嚷着："不要哭，大大还活着，大大在哭。"可是屋子里人们的哭声、叫声更响了。谁也没有听见我这个十二岁瘦弱小女孩嘶哑的声音。大概是嫌我碍事，我被人猛地拎了起来，推推搡搡，推到了屋子的角落里，推到了爸爸的身上。我一把抱住了爸爸，爸爸浑身在颤抖，爸爸没有眼泪，只是眼睛直瞪瞪地。

是一个多么凄凄惨惨的秋天的下午，一直到半夜，到处是孩子们、大人们的哭声。我哭倦了，蜷伏在最小的五弟的摇篮里睡着了。

冬天，我和大姐、三妹在后花园的假山石边照下了这张照片。在服丧期间，照片中我们还身着孝服：三个人都是灰色半长棉衫，黑裤子，灰黑色的棉鞋，头上戴着墨绿色丝绒的帽子。和平时我们穿戴的完全是两种样子，脸绷得紧紧的，没有一点小孩子的表情。

一九二一年母亲去世后，穿孝服摄于寿宁弄老宅后花园假山上。
左起：元和、兆和、允和。

一九三六年,定和、寰和在玉兰盛开时节重返故居,摄于假山小亭旁。

左起：表姑、元和（坐者）、允和。

打泡戏

听起来吓人,我的戏龄有八十八年了。说的是看戏,两岁多在上海就躺在奶妈的怀里开始看戏。

我二十二个月的时候全家搬到上海,爸爸大大爱看戏,一到上海就在戏园里长期包下了第三排的全部座位,按月结账付钱。好戏他们必看,一般的戏就由奶妈、保姆带着孩子去看。奇怪得很,台上敲锣打鼓我不怕,照样睡觉。睁开眼睛看的时候顶欢喜大花脸,最怕的是翻筋斗竖蜻蜓的武戏,一打起来台上灰蹦蹦地呛人。有一次看《走麦城》,一进戏园子,好香啊!原来后台在烧大香,烟雾缭绕,一种很庄重神秘的气氛。当时演《走麦城关公升天》,演员都要先在后台烧大香祭拜关公,红脸关公成了我认识的第一个英雄,对我一生的性格都有影响。

四五岁时,我看戏就不大睡觉了,不懂剧情只看热闹,还欢喜提各种可笑的问题,保姆要专心看戏不耐烦回答,我却要打破砂锅问到底。一会儿是:"这个老头的胡子怎么这样长?"一会儿是:"为什么不是黑胡子白胡子,怎么会有红胡子?"每个人出场我都问:"是好人还是坏人?"保姆似懂非懂地回答我:小丑和花脸多半是坏人,干净、漂亮的生、旦角是好人。可是戏看完了结果和她们说的不一样,我就会不依不饶和她们斗嘴。

对鼻子上一块白豆腐脸上勾画几笔黑线条的小丑,我的兴趣最

元和（左）与允和（右）共演《佳期》。

充和在九如巷试小生戏装。

大,再加上一副滴溜溜的黑眼睛在白豆腐上转动,真有味道!小丑的说白我也喜欢,还喜欢淘气的书童、琴童,稍稍听得懂一点就开始在家里摇头摆尾学唱《徐策跑城》的老生唱:"……我的耳又聋眼又花,耳聋眼花、眼花耳聋观不清城下儿郎哪一个……"奶妈们都笑:这个徐策瘦成这个样子,站都站不稳,还跑什么跑?

算起来我们第一次演戏也是八十多年前的事了。开蒙老师教我们《百家姓》时我五六岁,一天大姨家的表姐来我家玩,在图南里家中的客厅里,大姐元和组织了她的第一个剧社,第一次当了编剧导演兼演员:

大姐端坐客厅正中唱:赵钱孙李——把门开;
三妹兆和忙开门迎客:周吴郑王——请进来;
表姐迈四方步进门来:冯陈褚卫——请客坐;
小丫头我风风火火地:蒋沈韩杨——倒茶来。

这是我们的打泡戏。一戏定终生,我演了一辈子丫鬟,是个丫鬟坯子。

在上海我们共演过四出戏,第一出《三娘教子》,大姐的王春娥,三妹演老薛保,我的小东人。大姐又是端坐在椅子上,用筷子当棍,打我这个小东人。我跪在地上很有感情地说:"娘啊,高高举起,轻轻落下。打在儿身,痛在娘心,娘啊!望母亲一下也不要打了。"大姐说我这句白说得好,感情出来了。第二出《探亲相骂》,大姐、三妹是"亲家",我一会儿是赶驴子的,一会当驴子,一会儿演媳妇,还得演儿子。"亲家母来您请坐,细听我来说",小孩子嘴里讲出这句话,演员和看客都忍不住要笑了。《小上坟》中大姐是白素贞,三妹是刘禄金,我只好扮成个鸣锣开道人,压住自己的细嗓子,大声嚷着:"开道呀——"大姐怕我不甘心演配角,又夸我喊得好,我更得意。结果到了《小放牛》,我没的可演只好演牛。这些戏我都是配角,客厅中的椅子和桌子都搬了家。大碗橱在客厅倒座,里面的东西就是我们的道具:筷子是三娘的剪子,篮子等物也派上了用场,还有两方小手帕是水袖,纸头剪成的胡子,鸡毛掸子是马鞭。大姐处处比我们强,最终结缘戏剧,演了一辈子主角。

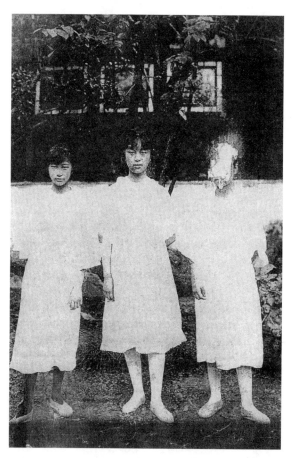

一九二二年摄于寿宁弄八号。兆和嫌自己照的丑,把脸部抠去了。左起:允和、元和、兆和。

丑死了

这张照片是在寿宁弄我们三姊妹的书房花厅后拍的，看到身后的树了吗？就是能结大大的荷包杏子的那两棵杏子树，我们在书房中总为它坐立不安。

除了请两位先生教我们白话文和文言文，稍大一些爸爸又请了一位苏州走教的，就是不住在家里的先生，是一位叫吴天然的女先生，教我们算学、自然、音乐、体操、舞蹈等。吴天然先生和叶圣陶先生很熟，叶圣陶先生在《三叶集》中还提到她。

我们姊妹几个都对算学没有什么兴趣，学舞蹈的兴趣却大得不得了。花园花厅后面有一块空地是我们的操场，吴天然先生教我们跳土风舞时，要一对一对跳，我们三姊妹不成两对，就叫服侍昭龄姑母的女工人赵大姐的女儿秋芝加入，秋芝的年龄比大姐元和还要长几岁。家里专门为我们置办了练功衣和软底鞋，我们盼着上舞蹈课，兴致勃勃换上练功衣，互相看着都觉得很好笑。尤其是看到秋芝腼腆的动作，想笑又不敢，我们从不取笑别人。

一天上过舞蹈课，我们在花厅后得意地照了张照片，几天后照片拿来，三姊妹争着看，三妹顶顽皮，抢过去大叫："丑死了，丑死了！"两个姐姐拦也没拦住，她把照片上自己的脸抠掉了。

没想到去国离乡半个世纪的大姐一直保留着这张残破的照片，一九九二年大姐给我和三妹每人翻拍了一张寄来。一拿到照片，我耳

允和在弈棋,元和在其身后欲以手帕蒙其眼,摄于一九二四年。

边马上响起了三妹调皮的声音:丑死了,丑死了……

不知三妹看到没有自己面孔的照片做何感想。

儿时杂忆

张兆和

我是家中第三个女孩。我落地时,太太哭了,因为奶奶只想添个孙子,不生男孩,奶奶不高兴。我的下面确有个弟弟,不幸在出生后夭折,全家不愉快。

既然我命中注定是不受欢迎的女孩,在姐妹行中无足轻重,倒也有他的好处,就是比较自由。没有人疼你,没有人关心你,你自由自在。

我常同厨子听差玩耍。他们问:"想你奶妈吗?""想。""想,我教你个办法,你就唱'早早去,早早来,省得奴家挂煞挂心怀'。"于是我就坐在小板凳上大声唱,一遍又一遍。我一点不明白"奴家"两字是什么意思。大师傅听差都欢喜逗我。干干中有歧视我的,他们就教我唱:

大姐梳个盘龙髻,
二姐梳个凤凰头,
只有我三妹不会梳,
梳个燕子窝。
燕子来生蛋,
吓得三姐一头汗!

我的脸黑黑的,全身胖乎乎,不愁会生病。没有人同我玩,我就一个人闷皮。我常常在楼梯的栏杆间侧身钻来钻去，有一次，被郭大姐看到，声张起来，另一个干干不相信，于是郭大姐就同她打赌，赌一吊钱毛豆，要我表演。我在楼梯栏杆间侧身来去，表演了好几次，大家称赞不已。毛豆煮熟了，我理所当然是上宾。

当时笑话三姐的儿歌真不少，另一个也像是讽刺我的：

> 小板凳，两头翘，
> 奶奶叫我捉虼蚤。
> 虼蚤一蹦我一蹦，
> 奶奶讲我不中用。
> 骑上马，带上刀，
> 锣鼓喧天捉虼蚤。

我五岁那年，家中请来一位女老师，姓万，无锡人，才十六岁，给我们姐妹开蒙认字。老师以为我是小男孩，教方块字时总是搂着我。后来人家告诉她我是女孩，她就不再搂我了。

八岁以前，我们全家住上海，三房寡妇老祖母，大门紧闭，有一个李老头子看门。有时听到吹糖人的锣声在门外敲得好热闹，想到那些孙悟空、猪八戒和蚌壳精，我们心痒难熬，但是不许出门。李老头过去好像练过功。他每天早起，要在院子里举石锁若干次，那石锁，我是推也推不动的。

大门难得打开了，那是送什么货物来的，我们就要求大大买糖人，大大很难得给我们买个糖人玩玩，因为糖人上了色，怕吃了不好。有一次我们正在看吹糖人，胡同尽头一堵墙后的二层楼上，有几个女孩指着我们骂。上海人骂人我们是听得懂的，很难听。我们不会对骂，无可奈何，只得也指着骂："小鹅（丫）头！小鹅（丫）

头！"就算出气了。

有姑嫂二人每天来胡同卖白糖糕。嫂嫂悄悄告诉我们，小姑如何在婆婆面前戳她的蹩脚，她回去就挨打受骂。我们大为不平，决定以后有机会出门，只买嫂子的糕，不买小姑子的。买多了吃不完，就放在门堂里大弟的小推车中。有一天，李老头手捧一堆发了霉的白糖糕，到大大面前告状。大大一看就明白是谁干的。但是，大姐说不得，二姐一说她就哭，窦干干就生气，只能把我罚坐在她的房里。这样也好。我坐了一会，临走时就有一串冰糖葫芦吃。

搬到苏州，我们住的最后一进很特别。两层楼，楼梯正对着楼下爸爸大大的卧房。楼梯上面有几块木屏风。夏天朱干怕热，总是把木屏风卸下来。我是睡里床的，如不小心，就会摔到楼梯上，可是我从来没摔过。睡之前我总要玩闹一阵，我把头伸在蚊帐外面，嘴里念叨："小猴子，关着门，露着头。"朱干一芭蕉扇扑过来，我连忙缩进蚊帐。

楼上，我的左隔壁是郭大姐带二弟的住房，再往里是二姐的卧室，绕过一排衣箱，再往北是大姐的闺房，有窗子，可以看到花园景色。

郭大姐是个大黑胖子，平时最会出洋相：手拿两块手帕，两只小脚扭来扭去，十分热闹。可是她也最爱在大大面前说我们的坏话，所以我们欢喜她，又恨她。有一次大姐气极，给她贴了一张小墙报，上面写：

    人生在世想成神，吃斋念佛苦修行。
    虽然但还不能算，口是心非亦难成。
    非独没有为佛望，死了还要受大刑。
    因此劝劝诸君们，做事要依良心行。

调皮的兆和与老牛。

上世纪二十年代末在苏州南园游泳,左起:张兆和、张充和、韦均一。

可是她一眼也不看这首大作。

花厅怎么利用呢？起先爸爸找人做了些小桌小椅，办了个幼儿园，招收邻居小孩来上学，后来成了我们的书房。我们一面大声朗诵，一面竖起耳朵听，细听外边核桃落地的声音，记住落在什么地方，休息时抢着去捡。园里杏有两种，一年结果一次的产量较多较小，两年一结的叫"荷包杏"，又大又甜，比较少。花厅后面，还有枣和柿子，枣很甜，可我们不屑一顾。柿子又大又硬，朱干请黄四把它们摘下来，用芝麻桔插在上面，过些时，就有大甜柿子吃了。园里果品吃不尽，也没有人要，我可享受了。

有一年老伯伯（姑母，祖父的女儿）归宁，我们一同在水阁凉亭看金鱼。老伯伯开我玩笑，说："三毛，听说你会做诗，给我做一首。""你出个题目。""就做《即景》吧。""好。"我抬头看看，那天天高踞在柳树上的老鹰正俯瞰着我们，我出口成章：

　　春日园中好风景，
　　池旁柳上有老鹰。

这诗比大姐的差远了，大姐还不许人念她的诗。

后来我们在王孟鸾先生的鼓动下，进了苏州女子职业中学。进学校之前，得请先生补课，补的是唱歌、体操、英文，就是没有补算术。再加上我们玩疯了，也不管有没有课外作业要做，以致我和二姐上了一学期就蹲班留级，只好哭着到另一班去。

我到苏州来

张兆和

我家从上海搬迁苏州那年我七岁。住上海的房子也还宽大。但是，同三位寡妇祖母在一起，规矩太多，平时大门紧闭，不许出门，实在没有意思。后来三房分了家，我的祖母（大祖母）又去世了，我们才迁居苏州。

一到苏州，住胥门内吉庆街寿宁弄八号，房子有三进，有花园，有后园，天地宽阔多了。

叫我特别高兴的是，花园中有太湖石假山，有荷花池，有水阁凉亭，有大花厅。花厅前有枫树、白玉兰、紫玉兰各一株。花厅周围，有杏树、核桃树和柿枣，还有绣球花。最令我惊奇的是，假山旁边竹栅栏内，还有一只仙鹤。我们一到，就全家围观，吓得那只仙鹤直往墙上撞碰，直到撞破了脑袋出了血，房主人只好把它带走，使我们大为扫兴。

尽管这样，我们的天地毕竟宽阔多了，不仅家里有可看可玩的，爸爸还常常领我们出去散步，讲些苏州的名胜古迹，讲些历史上有趣的故事，如"卧薪尝胆"、"东施效颦"。离家不远的盘门，有瑞光塔，有无梁殿，满地荒草，很少游人，被称为"冷水盘门"。但在落日黄昏时节，爸爸常带我们姊妹去，去时免不了讲更多有趣的故事。回来时，爸爸总还不忘记给我们买些苏州好吃的东西。因此我的老师王孟鸾先生为我写了一首诗，这诗正道出我当时的心境。诗曰：

  我到苏州来，快乐非昔比。
  天天勤读书，琅琅随两姊。
  大字写两张，小字抄一纸。
  每到傍晚时，随父游近市。
  买得果饵多，累累携手里。
  果饵香且甜，食罢皆欢喜。

  我家请了两位先生，一位老的专教古文，工先生既教古文，也教新书。我们的讲义，是由一位甘先生抄写，他写得一手好看的正楷，字很大，纸也白。到一定时候，甘先生就把它装订成册。所以我不怕念书。虽然如此，在书房中，挨打手心的常常是我，因为我已是第三个女孩，又顽皮，不时要闯点小祸，大大（指母亲）拿我无办法，常常罚我坐在她房里，不许出去。

  孟鸾先生同我爸爸一样，后来受了"五四"思潮影响，竭力主张送我们上学校。那时我才十一岁，就插班进了苏州女子职业中学。爸爸主张男女平等，认为女子不应当依靠丈夫，要能独立生活。而当时的苏女职中，主要以刺绣闻名于社会，学校除一般基础课程外，不过再加上几门家事，做做石膏像而已。

  学校校址是原来的一个衙门。校内也有假山，也有鱼池，还有操场，还有练功的平台和天桥。天桥年代久了，摇摇晃晃的，谁也不敢上去，只有我敢。我还在平台上唱当时的流行歌曲："卖布！卖布！我有中国布；卖布！卖布！没有外国货……"我硬着头皮来来回回走那个摇摇晃晃的天桥，同学们越拍手叫好，我越唱得带劲。

  谁知道，乐极生悲，一学期下来，除大姐外，我同二姐都蹲了班。

我俩只得哭着到另外一个教室去上课。因为我们还同在家一一样,放了学,把书包往台板里一塞就往家里跑,也不管老师有没有留下课外作业。怪谁呢?活该!

写于一九九六年十二月十六日
时年八十六

调皮的充和。

抗战胜利后,乐益复校。校牌为张充和题。

乐益女中

苏州的乐益女中是父亲一九二一年创办的。

虽然我们几姊妹自幼就在家里受到了很好的教育,并不比男孩子差。但"五四"运动使爸爸接受了新思想,更深的感觉到了教育对国家社会的重要性,他认为中国女子受教育的机会极少,真正的男女平等很难实现,萌发了创办女子中学的念头。爸爸在一九一九年十二月二十三日写了一首诗:

走到光明里

一间黑屋子,
这里面,伸手不见五指。
一直关闭了几千年,
在懵懵懂懂中,生生死死。

呀!前面渐渐光明起来,
原来门渐渐开了——刚宽一指。
齐心!协力!
大家跑出这黑屋子。

不要怕门开得窄,

> 这光明已透进黑屋里。
> 离开黑暗，向前去吧，
> 决心要走到光明里。
>
> 一九一九年十二月二十三日作

一九二四年乐益女中第一届学生毕业了，爸爸用这首诗"赠初中第一届毕业同学"。

一九二一年乐益女中开学不久，我们的母亲就去世了。乐益的许多同学都去给母亲送葬，我的好朋友阮咏莲也去了。

乐益的原址在苏州的憩桥巷，当时都传说那里是凶宅没人敢住，父亲租下来做了校舍。一年后，父亲买了皇废基的一大片桑园，盖起了新的校舍，大约有二十多亩地，建了四十多间宿舍和教室，还有操场。宿舍后面有一个别致的茅亭，我们常在亭里下五子棋。亭边是各种颜色的梅花，梅花不是我们种的，是父亲在朱家园买下了一个花园，把那里的梅花移植过来了。桑园对面是乱坟地，刚搬进去的时候还可以看到坟，我的堂房姐姐昭和胆子特别大，跑去敲骷髅头。

学校有父亲自撰的校歌：

> 乐土是吴中，开化早，文明隆。
> 秦伯虞仲。孝友仁让。化俗久成风。
> 宅校斯土。讲肄弦咏。多士乐融融。
> 愿吾同校。益人益己。与世近大同。

父亲的办学宗旨和校名"乐益"都在歌词中了。

"乐益"开风气之先，虽然我们也学旧体诗，但更多的是学习各种新知识。在这里我接触到了外国文学作品，学了数学、英文，开始

乐益女中教学楼。

乐益师生上家政课。

一九二四年,乐益。左起:允和、凌海霞(舍监)、胡馥雯(表婶)、元和。凌海霞是大姐的干姐,大姐遇到的不少困难都是她帮忙解决的。为表感激之情,大姐的第一个孩子姓"凌"。

离开闺房，离开了寿宁弄八号那片小小的乐土，走进了这片大乐土，跨出了进入社会的第一步。和来自不同家庭背景的姑娘们共同生活，给我们带来了极大的乐趣。课堂上我们学诗词歌赋、唐宋八大家。

一九二四年前后，乐益新任教务主任侯绍裘先生先后介绍来了几位新教员。有教素描写生图画课的叶天底先生；有教英文的侯绍伦先生，是绍裘先生的弟弟，他选的课本是《莎氏乐府本事》；还有张闻天先生教我们国文，他教的不是中国古代文言文，也不是近代白话文，而是世界名著的白话翻译本。有几篇文章七十多年后的今天我还记得很清楚：其中法国作家的短篇小说《齿痛》，讲述在耶稣要被钉上十字架的悲壮时刻，一个牙齿疼痛的人站在楼上窗口，向楼下沸腾的人群张望。文章用大量的笔墨描写无法忍受的齿痛和这个人的心烦意乱。当时我不懂这篇文章的意思，张闻天老师告诉我："人们往往夸大自己的小痛苦，而不关心人民大众的大痛苦。我们要关心、解救受难的人类，不要老在自己的小痛苦上浪费精力。"我忘记了文章作者的姓名，牢记住了张闻天先生的话。

法国作家都德的《最后一课》，现在的中学课本中还有，而我是在十六七岁时听张闻天先生讲的。文章写的是一八七〇年普法战争，普鲁士打败法国，吞并阿尔萨斯和洛林两省，小学校上最后一课法文，一个法国小学生懊悔过去没有认真学习祖国的语言。这是大家都知道的爱国主义好文章，当时给我们女孩子很大的震动，激发了我们的爱国心。

从那个时候开始我对文学的兴趣更加广泛，从中国古代文学到现代更开阔到了世界文学。我读莫泊桑短篇小说，对他站在十字路口观察行人的举动深感兴趣，认为文学描写就应当有这样的真实性。看短篇不过瘾，又啃长篇小说。托尔斯泰的《复活》、《战争与和平》、《安娜·卡列尼娜》，果戈理的《钦差大臣》，小仲马的《茶花女》，还有莎士比亚的戏剧。

一九五六年后，我参加俞平伯先生主持的北京昆曲研习社，我尝试用比较戏剧的眼光研究昆曲。例如把小仲马的《茶花女》和中国李玉的《占花魁》对比；把莎士比亚的《罗密欧与朱丽叶》和明代汤显祖的《牡丹亭》对比。这些想法都起源于张闻天先生对我的影响。

在乐益女中，张闻天先生只教了我半年国文，可他把我们引入了一个广阔的世界，给了我一辈子做人的长远影响。我永远不能忘怀他的谆谆叮咛：做人要做对人类有益的人，做事要做对世界有益的事，真正的人是"放眼世界"的人。当时只知道他的学问好、思想新，不知道他是共产党员，更不知道苏州的第一个共产党支部——苏州独立支部就建立在乐益。

上海"五卅"惨案发生后，乐益停课十天上街宣传、募捐，分散在各个城门口、火车站口。那几天一直下雨，我冒雨守在城门口，脚下的新布鞋湿得一塌糊涂，心中却异常地激动和兴奋。乐益募捐得了第一名，上海、苏州各报都登了这条消息。为支持上海工人罢工，同学们自编自演了节目，父亲还请来了马连良、于伶等名演员义演募捐，共演了三天。上海工人罢工结束，多余的捐款退回苏州，乐益女中的师生和苏州工人、学生一起，自己动手，填平皇废基空场贯通南北的小路，开拓为大马路，取名"五卅路"。

乐益的爱国行动，引起了当局的注意，多次来找麻烦。那时爸爸是校主，继母韦均一是校长。当局下了"哀的美敦书"，一定要求辞退几位教师，否则就封闭乐益女中，逮捕他们。万不得已，爸爸忍痛辞退了这几位可敬的老师，实际是每人给了他们一定的资助，请他们避避风头。乐益女中因此停办了高中部，我和大姐、三妹转学到南京读高中。

张闻天老师不久到苏联去了，后来知道侯绍裘、叶天底两位老师都先后遇害了。

一九二三年乐益组织了一次远足，这也是我平生第一次郊游，我

允和与中国公学的同学章以仁,摄于一九二七年。

和三妹兆和都作了诗，抒发了这次北固山之游的感慨。三妹比我强，她的诗老师一字没动，倒是爸爸替她改了几个字。我的诗老师给改了几个字。（诗附文后）

乐益的学生最早剪短发，文体活动也是最活跃的。乐益对过的公共体育场很大，每有运动会，别的学校的师生都到这里集合，乐益的学生最后列队出场。学校经常开文艺会，次次都有我们两姊妹的《游园》。可我们已逐渐对话剧发生了兴趣，不耐烦总唱昆曲了。刚学了《木兰辞》，我们就改编成戏，兆和自小欢喜穿男装就自告奋勇演花木兰。我们还演郭沫若的《棠棣之花》、英文的《一磅肉》。在《风尘三侠》中，大姐元和演红拂，三妹兆和演李靖。三妹坐在"龙椅"上，双脚够不到地，两腿荡荡的，还一副羞人答答的样子，好笑极了。三妹演这样的角色打不起精神来，她顶爱演的是滑稽戏，脸画得乱七八糟上台，自编自演万能博士、天外来客。

我也算是南国社社员。我演过《苏州夜话》，台词很美："淡淡长江水，悠悠远客情。落花虽有恨，坠地亦无声。"一次南国社演《卡门》，我到后台看田先生，他说刚好临时缺一个女工，只过场不说话。田先生说："你鼻子高，不必装假鼻子。"我第一次接触到最好的化妆品，有各种颜色的粉，拍上脸很柔和，我记得我是穿一件天蓝色的纱衣。

三妹在学校里很活跃，常常出洋相。有时睡到半夜人不见了，大家起来找，原来她一个人在月光下跳舞。放在窗台上的糖爬满厂蚂蚁，她说"蚂蚁是有鼻子的"；半夜三更同宿舍的同学笑得睡不成觉，她却没什么事呼呼大睡，那时的她和现在这个小心谨慎、沉默寡言的三妹完全是两个人。

在进乐益之前，我们三姊妹都进过苏州女子职业女中。在家里虽读过不少诗书，但没学过数学，大姐用功成绩还好，我和三妹还和在家一样，放了学就疯玩，结果期末考试数学都得了零分，哭哭啼啼地留了级。进了乐益后，我碰到了一位非常好的数学老师，叫周侯于，他上的第一节几何课先讲"什么叫点"，说世界上本没有"点"，"点"用显微镜放大，有面积有体积……唉呀，一下子抓住了我，我对哲学天生敏感，周先生第一节课分明讲的不是几何而是哲学，才奇怪呢，从此我的几何总是一百、一百，有一次证错一道题得了九十分，我拿到卷子当场嚓嚓两下撕了，大哭一场，对先生很不恭敬。周先生非但没有生气，反而安慰我。周先生有两个孩子都死了，待我就像自己的孩子，每个礼拜天必请我到他家吃饭，我那时怎么那么皮，饭量小，每顿只吃半碗饭，还不好好吃，饭桌上总是不停地讲话，老师把筷子一放，"个小娘唔（小女孩），不好好吃饭，要饿死的……"先生的江阴话我一直记得，先生家的清水虾现在还是我顶爱吃的菜。

夏天放学后，周先生走在五卅路上，我怕太阳晒，走在先生的影子里，穿长衫的影子拉得长长的，把我完全罩住了……

一九三二年，父亲还为乐益女中毕业同学录写了序，父亲生前写了很多文章和诗词，但保存下来的很少，诗词不到十篇，文章就仅此一篇。

我国往日科举年代，唐朝进士有雁塔题名故事，后世传为佳话。降之前清每逢举行考试年份，有乡试、会试童年齿录刊行。同时获榜者，互相称为同年，毕生交情甚笃。

顾彼时士人，多数闭门读学，偶以同试、同榜之机遇，成就一种交际，不但本身重视，往往一二世后，认为世交，不废联络。洎入社会服务，同在一界或同在一事业者，因联络有素之故，较之他人，能少隔阂，增进效益。

今诸毕业同学，自入本校以来，数年同师同级，受课一室之内，平时同作同息，切磋互助，其相互关系之切，内心相知之深，迥非泛泛可比。当此毕业离校之际，共聚精神，为编纪念册之举。出校以后,宝此一篇,珍重前程,增加回忆,为意甚佳。顾张冀牖有不能已于怀,愿更进一言于诸同学者。

窃以为人世间为过去、现在、将来所构成。过去良好环境与情感,诚宜重视;现在纪念方法,诚宜举行;而将来维持本级联络关系,充分发展各人之意志能力。加入本校校友会,一方为本校繁荣献尽心力,一方协助本校为民族社会切实服务。久志不忘,锲而不舍。积之岁月,于母校社会必能皆有梓补。则形迹虽散处各方,而致力之目标合一。益己及人,必获常乐。是则冀牖所望诸同学于无穷,而诸同学必能副同堂师友及冀牖之所望也。

张冀牖(张吉友)

游镇江北固山

一九二三年

春风吹绿到天涯,遥望姑苏不见家。
西下夕阳东逝水,教人哪不惜芳华。

——兆和

高山枕大川,俯视意茫然。
沧海还如客,凌波谁是仙。
江山欣一览,帷读笑三年。
击楫情怀壮,临风好着鞭。
(后四句经先生改过。)

——允和

"封面女郎"。在光华大学女同学会任主席时摄于上海王开照相馆,时为一九三〇年。

女大学生三部曲

我这个人不安分，共在三所大学读过书。从一九二九年到一九三二年先后在上海的中国公学、光华大学和杭州的之江大学学习，最后落脚光华，取得了光华大学毕业文凭。战乱时期，难得有一个安定的学习环境，那时大学里女学生很少，为了求学我辗转颠簸，志气不小，主意不小，胆子也不小。寿宁弄的"小二毛"、"九如巷的张二小姐"，第一次用爸爸给的两条腿（爸爸给四个女儿取名：元、允、兆、充，均有两腿）走出苏州，独自面对世界。

落花时节

一九二九年在中国公学读一年级时，学校刚刚开始收女学生，班里的男同学占绝大多数，他们对女生感到新奇，有时不免恶作剧捉弄人。有一位姓李的先生是扬州人，他出了个作文题目"落花时节"，发卷子时，全班都发了就是没发我的。我很奇怪，以为一定是文章出了什么问题，在课堂上没敢出声，下了课急急忙忙找到老师追问，李先生用扬州话拉着长音小声说："莫慌——莫慌，跟我来。"到了他的宿舍，他拿出一个很旧的皮箱，打开上面一只很蹩脚的锁，拿出了我的文章。先生不把文章马上给我，而是捧在手里，很慈爱地看着我笑着说："你的文章很好，很好，我怕在课堂上讲了男学生会抢去，就

一九二九年,在中国公学读书的兆和(左一)和在光华大学读书的允和(前蹲左)与"四大天王"合影。大姐元和在大夏大学读书,因品貌出众、多才多艺而引人注目。大夏当时有所谓"四大天王"之说。"皇后"元和(前蹲右)、"安琪儿"方英达(中)、"玫瑰"李芝(后左)、"蝴蝶"李芸(后右)。"四大天王"除李芝外,都先后去了台湾,有的又从台湾去了美国。

锁在箱子里了。"我拿到文章，看到上面先生批了一句话："能作豪语殊不多觏。"

写落花时节，尤其是女孩子写，都要写秋风秋雨满目愁，我没有这样写，记得我写的是：落花时节，是最好的季节。秋高气爽，是成熟的季节、丰收的季节，也正是青年人发奋读书的好时候。伤春悲秋，是闺中怨妇的事，我生长在一个开明、快乐的家庭，又自认为是"五四"以后的新女性，我为什么要愁？要悲……

母亲怀胎七月，我就急匆匆来到了人世，先天不足，身体一直不好，天生就的急性子，手急、眼快、腿勤、话多。因为我性格开朗、活跃，进大学不久就当选为女同学会会长。有的男学生不服气，常常打碎女同学会会刊的玻璃。一次开会我有事告假，在一项表决时，一女同学受托替我举手。一个姓包的男生刁难说：你能代表吗？如果还有人没来你举三只手呀？第二天我知道了这件事，坚决不答应他，在饭堂门口截住他凶巴巴地问：密司特包，你昨天讲的什么话？什么叫三只手？难道你看见她做什么事情了？你不可以这样，你要道歉，赔偿名誉。这个男同学以后再也不敢欺负女同学了，相反对我特别好，放假我回苏州，他替我拎行李。

当时我已是南国社的社员，女同学会成立一周年纪念，田汉专门为我们写了一出全是女人的戏《薛亚萝之鬼》，我在里面演一个资本家的丫头。

中国公学在吴淞炮台湾，我们几个要好的女同学常相邀在校门口不远的吴淞小酒店一聚，学红楼诗社行酒令，当然是浅尝辄止。

我和周有光刚刚有初恋感情的萌芽，他有时小心翼翼地到学校来探望我，我总是矜持地从东宿舍躲到西宿舍，嘱舍监对周有光说"张小姐不在家"，有光怅怅然归。这样反复多少次，才有了"温柔的防浪石堤"。因而酒令中有"梨花满地不开门"和"雨打梨花空闭门"，都是给我这"避客不见者"饮的。还有：

> 云鬓梳罢还对镜——喜修饰者饮
> 能饮一杯无——不饮酒者饮
> 一去二三里，烟村四五家，
> 亭台六七座，八九十枝花——善数学者饮
> 声声燕语明如剪，呖呖莺声溜的圆——善英语者饮
> 来时醉到旗亭下，知是阿谁扶上马——醉者扶者饮
> ……

我现在还坚持作"曲谜"，定期寄给三五好友。喜庆的日子有晚辈的朋友来聚会，我还是要行令，不是酒令是水令，都是由我事先准备的。

蝴蝶会原来是昆曲曲友的聚餐办法，来宾自带一壶酒、一碟菜，吹笛拍曲畅叙畅饮，我借用到家里朋友的聚会用餐上。只是都不大能够饮酒了，我的办法是以罚水代替罚酒，酒令改成水令。我准备的水令常常是戏曲与现实结合，大家认为很有趣，比如："你纸笔只供招详用"（《牡丹亭·硬拷》），"文革"中写过检查的人都要喝下一杯冰水，十分醒脑。

三妹兆和和我从启蒙到中学、大学一直同班，在中国公学她也很活跃，当时中国公学女子篮球队"五张"名声在外，照片还登过报纸，我和三妹都在其中。三妹尤其好运动，曾得过中国公学女子全能第一名，谁知上不得大台面，参加上海全市运动会，得了个第末。

我一生爱花，最爱绿叶组成的花。我爱枫叶，她是叶子，应该是绿的，可是，一到秋天，她就红了。霜叶红于二月花。人老了，也像枫叶一样，"老红了霜叶愁烦销（原诗为'愁难消'）"。女人不是花，也是花，是叶子经历了雨雪风霜成了花。

现 在

大学二年级我转到了光华大学，又被推举为女同学会会长。光华的女同学会非常活跃，下设好几个部，在学校里影响很大，校长召开会议研究学校的事情，女同学会会长不到都不开的。我什么活动都参加，在男生面前也从不服输。

学校年年举行国语演讲，我去之前的几年据说都是一个姓赵的男生得第一。我鼓足勇气参加，精心准备了一篇讲稿，题目叫《现在》。我正和周有光谈恋爱，他在杭州民众教育学校教书，我把讲稿寄给他看，他回信说"太哲学了"。我忘了是用一种什么统计方法把大学四年凡是上课念书的时间都加起来，用二十四小时一除整整只有八个月，慷慨激昂语重心长地劝大家要珍惜大好时光，抓住"现在"，好好念书。真是好笑，自己不用功，却一板正经地劝人家。

那次演讲是在光华大学的一个大饭堂里进行的，评判员中有校长和留学法国的哲学家李石岑先生。姓赵的男同学的讲演题目是《铁》，他因为参加了多次演讲，国语讲得比我好。全体参赛者讲完都坐在第一排等待评判结果，会场里安静极了，大家心里都忐忑不安。校长宣布："第三名……第二名……"我泄气了，总归没有希望了。报到第一名时，校长好像卖关子，半天不报名字。突然，像打了个雷一样——"张允和"三个字一出，全场轰动，我的一个堂房姐姐张镇和，是大伯伯的女儿，我们叫她七姐，是光华大学篮球队长，从最后一排冲到前面，一下子把我举了起来。这是我一生一世最快乐的时刻。现在！现在！现在！这两个字对我的一生都产生了影响，后来知道法语的"抓住"和"现在"是同一个词，"抓住现在"几乎成了我办一切事的座右铭。

后来听说现场的评定结果是我和姓赵的男同学分数一样，应该是

一九二八年,张兆和在中国公学读书。

并列第一，请校长作最后的裁决。校长说赵同学年年第一，女学生还从没得过第一，既然分数一样，就张允和第一。原来很危险的，这第一来之不易。

在光华大学还有一件事给我的印象很深，教我们国文的钱基博先生（即钱锺书先生的父亲）从不给我们出题目要求作文章，只给一句话或一篇短文要求作注。如给《大学》的第一句话"大学之道　在明明德"。为完成他的作业，要去查大量的古书，这种训练使我终生受益。

毕　业

"九一八"事变之后，日本帝国主义得寸进尺，企图侵占上海，作为进攻中国内地的基础。一九三二年一月二十八日夜间，日军借口日本和尚被殴，向上海闸北一带发起进攻。位于吴淞口的中国公学毁于日军炮火，我所在的光华大学也岌岌可危，为了安全，只好又转到杭州的之江大学借读。

我十分珍惜在这危机四伏、动荡不安的时期还能有一个安静的读书环境，又埋头圣贤书。记得写了一篇论文《塞上岑参》，很得老师好评。

其时周有光正在杭州工作，这和我敢于只身来求学有很大关系。每逢周末，我们相约在花前、西湖月下，漫步九溪，"重重叠叠山，曲曲弯弯路，叮叮咚咚泉，高高下下树"，良辰美景伴着我们的恋情由朦胧走向成熟，一双惹人羡慕的"才子佳人"，一对洋装在身、洋文呱呱叫的新式青年，却怎么也鼓不起手挽着手并肩走的勇气。

三妹谈恋爱也和我"同学"，她和沈从文的爱情也在这时有了眉目。

大学的最后一年我又回到了光华，和我同时上大学的三妹这时已毕业，她大学念了三年，我跳了三个学校，四年半才毕业，最终拿到了光华的文凭。

封面女郎

在光华的同班同学有储安平、赵家璧等，在学校时和他们来往不多，没想到一走出校门碰到的两件事都和他们有关系。

这张照片是在上海王开照相馆拍的，不久有人告诉我，发现店里放了一张很大的放在橱窗里作广告，那时认为这是一种很不光彩的事，我气冲冲地跑到照相馆和店主大吵了一顿，他们自知理亏，马上道歉并撤下了照片。谁知不久赵家璧办的杂志《中国××》用这张照片作了封面，我也当了一回封面女郎。

我在光华大学时还很时髦地学过骑马，专门做了一套骑马衣服，黑马裤、墨绿丝绒的衣服，漂亮极了。但只去学了几次，好贵啊，一小时两块钱。

女人不是花

一九三六年春天，我到了苏州，我因为有了小平、小禾两个孩子，辞去工作定定心心相夫教子。城市不大，熟人很多，经过朋友的介绍，《苏州明报》托人找我，希望能帮他们主编"苏州妇女"，这是《苏州明报》的一个版面。我当然愿意，念了这么多年书，自己本来又欢喜动动笔，这一下真的当了编辑、记者，自己写自己编，我的干劲很高。

南京的《中央日报》有"妇女家庭"版和"文艺副刊"版，主要是由我在光华的同学储安平、端木新民夫妇负责的，有一段时间他们去英国留学，光华同学代储安平编"文艺副刊"，我代端木新民编"妇女与家庭"版。我为"妇女与家庭"写的第一篇稿的题目是《女人不是花》。那时妇女参加工作的很少，有一些部门虽要女人来，也多是只起一些点缀作用，当摆设，做花瓶。我不愿意做这样的人，也希望天下所有的姊妹都不做这样的人。我原是很喜欢养花花草草的，这时候却为了实践自己说过的话，连花也不养了。一种幼稚的决心，一种自觉的反叛，缤纷的鲜花在我的眼里竟一直成了过眼浮云，以至现在我还是只养草不养花。

我的编辑记者生涯很短暂，"七七"卢沟桥事变改变了所有人的生活，我走上了逃难的路。

一九三二年春,在杭州六和塔下,恋爱中周有光第一次为允和拍照片。

结婚前后

一九二五年,周有光的妹妹周俊人和我是乐益的同学,她小我两岁,进乐益时刚十四岁。两家的兄弟姊妹间常相往来。我们认识后有四年时间彼此并没有来往,我考上中国公学来到上海时,他在上海光华大学念书。他回到杭州后,一次他的姐姐到上海来玩,他借询问姐姐的情况给我写了第一封信。拿到这封信我吓坏了,六神无主地拿给一位叫胡素珍的年龄大一点的同学看,让她帮我拿主意。她看过之后很老练地说:"嘿,这有什么稀奇,人家规规矩矩写信给你,你不写回信反而不好。"从此以后我们开始通信,暑假我回到杭州,再见面时,我和他都没有了以前的自然,一阵淡淡的羞涩罩上了脸颊⋯⋯

偷听的和尚

一九三一年我在杭州"之江大学"借读,周有光在杭州民众教育学院教书,这正是我们的恋爱季节。

一个冬日的周末,我们相约在灵隐,天相当冷,我穿了一件式样比较考究的皮领大衣,上山的途中,我们低声交谈,但始终不敢手挽着手。一个老和尚一直跟在我们后边,我们走他也走,我们停他也停,我们的声音越来越小,他和我们的距离越来越近。多么不识相!

一九三二年春,杭州灵隐,"老和尚偷听"的途中。

走累了，我们在一棵大树下找到了一块能容下两个人坐的树根休息，老和尚竟也侧身坐了下来，凑近有光低声问："这个外国人来了几年了？"有光笑答："来了三年了。""难怪中国话讲得那么好。"他的好奇心终于得到了满足。

原来我们的悄悄话全被他听去了。

尽头日子

爱情像一棵甜果树，八年花开叶绿该结甜果了。一九三三年，两个满脑子新思想的年轻人当然是要举行一个新式的婚礼，为了让尽可能多的朋友参加，我们选了一个周末的日子。二百张喜帖印出来了，大姑奶奶是张家女眷中最年长的，当然要先送给她。姑奶奶看看帖子上的日子，吩咐让拿过皇历来查，果然出了麻烦："不行啊，小二毛，这个日子不好，是尽头日子（阴历的月末），不吉利的。"没有办法，我们只能顺从，选了一个远离尽头日子的礼拜六，先不印帖子，把选好的日子禀告大姑奶奶，姑奶奶点着头说"这个日子很好"。我们第二次印了二百张喜帖发了出去，心中暗暗好笑，我们选中的正是真正的尽头日子——一九三三年四月三十日，只不过姑奶奶躲的是阴历尽头，我们选的是阳历尽头。

家里的干干（保姆）还不放心，又拿了我和有光的八字去算命。算命先生说，"这两个人都活不到三十五岁"。

不但算命先生这样说，家里的一些人也有些议论，我本来就瘦弱，有光当时身体也不好，平时最怕我的三妹兆和，这个时候竟敢说："二姐嫁给了痨病鬼，哭的日子在后头呢。"我才不信这些呢。

一九三三年四月三十日我们结婚了，我相信旧的走到了尽头就会是新的开始。

结婚照(一九三三年四月三十日)。

结婚照的背面是沈从文写的"张家二姐作新娘 从文"。

佳　期

在荒野中行路的人见到马蹄印的激动心情只有很少的人能亲身体验到。马走过的地方就有路，有水，有草，有人，有生命，有幸福……

婚礼的桌椅布置成幸福的马蹄形，在上海八仙桥的青年会，二百多位来宾使这马蹄不再属于荒漠，青春、热情像一匹越起腾飞的骏马，我和有光并肩面对这幸福的马蹄，心中默念着"我愿意"。

证婚人是我的恩师李石岑先生。仪式很简单，但使人终生不忘。一个十四岁的白俄小姑娘哥娜弹奏钢琴；小四妹充和唱昆曲"佳期"，顾传玠吹笛伴奏。

留下吃饭的客人刚好一百位，加上新郎新妇，两元一客的西餐，共一百零二客。

结婚前，周有光在信中有些忧虑地说"我很穷，怕不能给你幸福"。我回了一封十张纸头的信，只有一个意思："幸福是要自己去创造的。"

我们虽不是"私订终身后花园"，但我总是浪漫地畅想着"落难公子中状元"，相信我自己选中的如意郎君一定会有所作为的。

我从小手快嘴快脑子快，是"快嘴李翠莲"，这次又是我最快，张家十个姊妹兄弟，我第一个披上了婚纱。

长崎丸

父亲疏于理财，对钱、物从不清点，我们结婚时家境已大不如前。从小受父亲的思想品格影响，本来也不准备在婚姻大事上依赖家庭，量力而行，我只是定做了一件婚装，也没有婚纱，配了一条水钻

一九三三年,允和与凌海霞。

的项链。正巧这时,一位在银行工作的表叔在清理账目时偶然发现父亲在汇丰银行中还存有两万元钱,父亲却早已搞丢了存单忘到五里云外了。有了这笔"意外"的收入,父亲给我两千元作"嫁妆"。

我们没有用这笔钱置办任何家产,婚礼用掉了四百多元,却收到了八百元的贺金。

十月份,用父亲给的这笔钱,我们暂别家人,实现了有光的也是我的留学梦,登上了日本的"长崎丸"。

出发时,上海吴淞口挂了三个球:有大风浪。一路险情不断,我却顾不上紧张,只管翻江倒海,剧烈地呕吐。谁知会遇上更大的危险,船遇大风。一时间船失去了平衡,煤都倒了出来,几乎失火,紧急呼救。本来船应停泊在东京湾,结果在救护船的帮助下,我们在神户下了船。距一九一二年震惊世界的泰坦尼克号冰海沉船事件刚好二十一年,人们心有余悸,这几乎又是一场惨剧,只不过不是豪华客轮,注意它的人要少得多。

一九三五年,初为人母。

在陆地上,我仍是不停地一塌糊涂地吐,全然不知道是一个新的生命,我的小宝宝陪我受了这一场惊吓。

第二年的四月三十日,我们的儿子周小平顺利地降临人世。多少年来我总爱骄傲地说"我结婚那天生的孩子",大家笑我,我才想起忘了说"第二年"。有光写文章从没有家长里短,我常开玩笑说他是"世界的人"。一九八八年,很多人鼓励我写文章,我这个老妇聊发少年狂,写了一篇《温柔的防浪石堤》,记的是整整六十年前的一九二八年秋天里一个星期天的约会。拿给有光看,谁晓得他的脸都红了,小声嘟囔:"真难为情。"我倒像个大丈夫,说:"有什么关系?敢作敢当嘛!"文章被人拿出去发表了,很多人喜欢,客人来总要提起,提一次有光红一次脸,不晓得红了多少次。

儿子和《书的故事》

结婚之后的一年时间,我不单单是生了儿子小平,还通过自己在日本的生活体验、观察,写了些文章。五六十年过去了,经历了新旧社会,经历了战争与和平,经历了生活的起起伏伏,这件事我早已经忘得一干二净。谁晓得三妹和沈从文的儿子虎雏和太太张之佩真算是有心人,一九九九年初,他们用一个玫瑰色的信封规规矩矩封了一个红包给我,当做是新年礼物。信封上规规矩矩写着"呈上五十五年前的东西,还记得吗?"原来信封里封的不是钱,是比金钱贵重的一份剪报的复印件。剪报是一九三四年一月六日天津《大公报·文艺副刊》第三十一期上发表的我的署名文章"东京素描(日本女人)"。我已经全然不记得自己是否还写过其他的文章。那个时候,读了很多年的书,刚刚结婚,很不适应单单在家里当太太的生活,但马上到日本,又马上怀孕,只能想办法在家里做一点事情。

虎雏送来的剪报,让我想起我在这一年的成绩还不止这些,我要找一找我的第一本也是唯一的一本译作《书的故事》,薄薄的,纸已经又黄又脆,这是我在这一年孕育的另一个宝贝孩子。喏,找到了,一定要小小心心地翻呀。书不是我自己保存下来的,你看看写在序言后面的这几段钢笔字就明白了。

有一次,和译者漫谈,我告诉他我看过一本伊林写的书——

允和怀抱小平。(小平亦名晓平。)

《书的故事》,可惜纸张太坏。她说她也译过这本书的。伊林这本书是有两个译本的。

可惜得很,我没有能看到这个译本。因为伊林的作品是我喜爱的读物,而我买到的那本实在纸张太坏——土纸、印刷不好——模糊。偶一翻阅时,使人兴趣索然。

旧书店在上海开幕了,据说"闹热"得很。我一直没有去观光过。今年今天是孙中山先生九十岁的诞辰纪念日,全世界人民对这位革命先驱者均寄以无卜的敬意,就在这一天,我到了旧书书店。第一本映入我的眼帘中的就是这本《书的故事》,而正是我想拜读而无处得到的。真是踏破铁鞋无觅处,得来全不费工夫。据我猜,译者本人也未必还有这本原书了吧?不然,她大约早就会给我看了,无论如何,这本书是非买不可的。

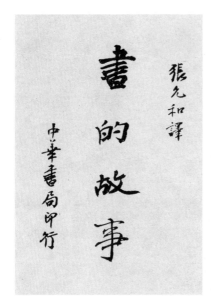

《书的故事》书影。

二姨、二姨父：
　　新年好！
　　呈上五十五年前的东西,还记得吗？
　　祝二老
健康长寿。
　　　　　　　张之佩
　　　　　　　沈虎雏　1999.1.6.

张之佩、沈虎雏信封（一九九九年）。

我想起了在此地的译者，又想到译者序言中提到的周耀平先生，均是分别了不短的人了！我想译者看到了这本书，也如同看见了老朋友一样，一定会引起无限的感想吧！因为这是二十年前的作品啊！这个二十年是不平凡的二十年啊！

这就是我将这本书送给译者的意思。

屠中方

十一，十三日，一九五六

这本宝贝书和小平年龄一样大，他们两个是双胞胎。我把虎雏送来的剪报和这本书放在一起，像两个失散了多年的孩子又碰头了，回到我的家里。看到她们，我总会想起结婚前后的时光。那时候思想简单得很，看什么都像这个信封一样，带有玫瑰的色彩，谁晓得以后会碰到那么多事情呢。

译者序言

人类是奇迹的创造者。可是在他们所创造的许多奇迹之中，什么东西是最珍奇呢？是飞机、潜艇、火车？是无线电话、有声电影、传真术？是各种骇人听闻的军器？不，全不是的。最珍奇的奇迹是一件我们所认为最平常的东西——书。

这里所说的书，可以是一串贝壳，一块石头，一方泥砖，一张皮革，一片草席，一卷丝绸，或一册以纸订成的我们所谓的书。任凭它的形式有九九八十一变，它的作用都是相同的——记录人类的生活。

人类为什么能成为奇迹的创造者？因为人类能把各时代的生活经验堆积起来作为创造奇迹的基础。猴子的子孙不能利用它们祖先的经验，所以现在的猴子不会比从前的猴子聪明得多。人类却能依赖记录把一代一代的智慧如金字塔般层层叠起，所以后辈能胜前辈，文化能不断地前进。

这些智慧的记录是藏在哪里的呢？——书里！因此，我们所认为最平常的东西的书，事实上却是最珍奇的奇迹。

在现在所谓文明社会里，一个孩子到了三岁就要开始看图画书了。从此之后，在十几年的学校生活中，几乎把整个身体埋在书里，出了学校，固然和书或许疏远一些，但在比较进步的社会里，人们是没有一天可以离开书的。然而我们虽天天对着那线装或洋装的纸做的书，却不知道书在过去曾经过了几千年的演变，才形成今日的样儿，这无异只知道在花间飞舞的是蝴蝶,而不知道会爬的小青虫和伏着不动的蛹是它的前身。这本《书的故事》告诉我们说:书的观念不是那么狭窄,书的价值也不是那么简单。书的生活中,有喜剧,有悲剧,有冒险的事迹,有悲惨的遭遇,更有最美丽的轶事。它有时穿着雄伟的金装,受人们礼拜;有时被弃在尘垢之中,视同废物;有时默然在黑暗的地窖中度那悠久的岁月;有时忽然走出光明,诉述给我们古昔的可珍可贵的史实。

书给人们以智慧,可是愚蠢的人们,有时竟对它拒绝。这样使造成了书和人的战争。有时,书失败了,于是它被灾受刑,读书的人也被杀死或惩罚。可是隔了几时又重新战胜了它的敌人,从躲藏着的破瓦碎砾中走了出来,再作殿堂上的宝物。人类的可歌可泣的故事,记录在书里。书自己也有它可歌可泣的故事,记录在这本《书的故事》里。书是智慧的保姆、正义的战士。让我们读书,让我们先读《书的故事》。

本书作者伊林,是一位有名的少年读物作家。他的作品在欧洲各国都受少年读者的热烈欢迎。在中国也已有了很好的印象。我希望这本书能不因我的译笔拙劣而减少读者的欣趣。本书翻译时,承周耀平先生给我许多指教,在此附志谢意。

张允和

一九三四年十二月

难途有寄。

难途有寄

一九三七年"八一三"事变之后，上海住不下去了，我带着两个孩子，三岁多的儿子小平和两岁多的女儿小禾，开始了漫长的逃难生活。

我们在芜湖、合肥做短暂停留后，回到合肥龙门巷我出生的地方，住在老家的祠堂里。我带着两个孩子，还有婆婆和保姆。在这种最关键最困难的时刻，有光却总是因工作脱不开身，不能与我同行。瘦小病弱的我在这种时候成了一行人的主心骨，既要当机立断拿主意，又是主要的劳力。日机的轰炸不断，合肥城里也并不安全，我们转到合肥与六安之间周公山南麓的张老圩、张新圩。

张老圩　张新圩

张老圩（wei）坐落在周公山下，山上有周瑜读书处，山因而得名。咸丰年间，高祖张荫谷带着曾祖张树声、树珊、树槐、树屏等人在周公山下的殷家畈扎寨办团练，在不远的紫蓬山下有周盛波、盛传兄弟的团练，大潜山下刘铭传团练，号称"三山团练"。同治元年（一八六二）初，"李鸿章令张树声以'三山'团练为骨干组建淮军，和湘军一起摧毁了太平天国农民起义，以后又镇压了捻军起义。李鸿章因此升官至文华殿大学士、直隶总督兼北洋大臣。张树声作为淮军第二号人物，也官至江苏、山西巡抚，署直隶总督、两广总督，成为声势显赫的封疆大吏"。

张家后人一直因祖上镇压过农民起义而很少提起，随着国内外一些学者兴起的对淮军将领的研究，我们也开始用历史的辩证的眼光看待这些事情了。

曾祖张树声在原先办团练的殷家畈建起了"张老圩"。这是典型的安徽大地主的住宅。高墙围起的大城堡，城外有护城河，内外濠沟顺地势曲折延伸，有石拱桥相连。圩子有水门，可关可守，日夜有圩勇把守。圩子里像一个小城镇，有小杂货店、布店，有种稻、种菜的，养猪、养鸡的，中断和外界的联系也完全可以生活。圩子里树木茂密，有各式房屋数百间，曾祖兄弟们各有自家的院落，另有花园和小姐们的绣楼。

在很远很远的地方就能看到老圩大门前那两棵巨大的梧桐，据说是曾祖在建圩时种下的，还在每棵树下埋有一担大麦作肥料，所以能长得这样高大。这两棵树已经成了"张老圩"的象征。

"张新圩"是曾祖张树声去世后，五曾祖张树屏建的，距"张老圩"三公里，树木参天，环境清幽，规模超过"张老圩"。

我们在圩子里安顿好，刚过了几天安定日子，就听说周有光所在的银行要搬走，我如惊弓之鸟，急慌慌一个人坐轿子先到合肥的龙门巷，又乘火车到芜湖，周有光正急于要和我联系，见到我松了一口气。我们商量的结果是大队人马和他一起去汉口。我又回圩子接上老小和大小几十件行李，转道汉口，换轮船溯江而行到合川。我还记得同船的有曾国藩的孙女、俞大维的母亲。

都江堰

把一家人在合川安顿好之后，我一个人到成都的光华中学当教师。我虽然十分放心不下老人和孩子，但也只有周末才能回家。我清楚即将开始的是结婚以后，也是有生以来最艰苦的生活，我不再是张家的娇小姐、任性的"小二毛"，我要坚强起来，做一个职业妇女。

教书的生活新鲜而又愉快，我教历史并任女生指导。娃娃们很乖，十分珍惜战乱时期的读书机会，对我很尊重，也不取笑我不标准的国语。我也从不用旧式"女生指导"的陈腐、古板、不近人情的规矩要求他们，师生相处得很融洽。

一次学校组织到灌县青城山去玩。我们参观了都江堰、二郎庙，并在这座完全用竹子建造的大桥上留了影。站在我身边的是学校的注册主任李恩廉，他后来到台湾去了。

我看到了肝脑涂地

一九三八年初，周有光调到重庆农本局工作，我把婆婆和儿子送到乡下一个叫唐家沱的地方，自己带着女儿小禾也到了重庆，在赈济委员会当了一名科员。

谁知没住下几天就赶上了"重庆大轰炸"，大火烧了一个多礼拜，大半个城被烧光了，断水断电，一片死寂。这种生死关头，有光又出差在外。命运为了锻炼我，把最难的"题"都留给了我一个人。不幸中的万幸，炸七星岗的时候我在上清寺，炸上清寺时我在枣子岚垭，炸枣子岚垭时我又在七星岗。我甚至觉得这种幸运一定是和身在外地的有光为我们祈福有关。

为了找一点水给女儿做饭，我一个人从枣子岚垭走出了几站地，满眼的残垣断壁，空气中弥漫着焦糊气，我摸索着向赈济委员会的方向走，路上没有见到一个行人。在一辆大卡车边，我猛然站住并后退了两步：那是一个死人，倒卧在车轮旁，四肢还完整，但脑壳崩裂，脑浆洒了一地，我见到了真正的肝脑涂地。又走过一条巷子，我看到了堆得一人多高的白木棺材，显然里面都装满了人，正等待着被运走，我心里一阵阵发冷。这短短的一路，我经历了有生以来最恐怖悲惨的场景，我并不觉得害怕，但这可怖的场景让我认识了什么是侵略，什么是战争，并在不久后接二连三发生的事件中留下了刻骨铭心的记忆。

小 禾

为了躲避轰炸，在四川大大小小搬了多少次家简直数不清了。两个孩子也受了不少苦。儿子小平、女儿小禾仅差一岁零几个月，一对乖乖的小宝贝。有光在家时，我们是一个再完美不过的家庭；有光不在家时，一双儿女是我最大的精神安慰。

一九四一年五月，又是有光不在家的日子。一天小禾忽然说肚子疼，我以为是吃了不干净的东西，但很快她就发起烧来，我有些慌了。当时我们住在唐家沱乡下，又是战争时期，无医无药，到第三天，病情丝毫不见好转，我意识到不能再这样拖下去了，想方设法托人帮忙把女儿送进了重庆的医院。医生说是盲肠炎，由于医治不及时，已经开始化脓溃烂，整整两个月的时间，医生还是没能留住我的宝贝女儿的生命，在七月里，临近她六周岁生日的那天，她去了。

我的眼泪可能流干了，这次惨痛的事件之后，半个多世纪的时间里，我从没有再向人提起过这件事。

我的小平，我把全部的爱倾注在儿子身上。

小平中弹

小平是个聪明、懂事又招人喜爱的孩子。在江安看戏时，他总是

一九三八年，张允和与儿子小平、女儿小禾在南温泉。

坐在第一排，看得专心极了。他还在《国家至上》《北京人》中演过小男孩。著名的话剧演员吕恩那时是三弟的夫人，小平叫她"干爸爸"，她也很喜欢小平，常带他去排戏、游泳。小平刚刚学写字，常常边走边在路边的墙上写自己的名字，又写不好，到处是大大小小的——小平。

有光离开农本局到新华银行工作，我们一家人都搬到了成都。他的收入不薄，我们住在甘园的一座小洋房中，银行给他配了包车，这是一段相对安宁稳定的生活，我们都在努力从丧女之痛中解脱出来。

很多文化、文艺界的人士当时都聚集在成都，文化生活相当活跃。由进步的文艺界人士组成的"中华剧艺社"，常演出郭沫若、老舍、曹禺、吴祖光等人的剧作。记得一次演的话剧《桃花扇》，李香君要唱一段昆曲"游园"，饰演李香君的秦怡不会唱昆曲，我被请去在幕后唱，漫画家丁聪吹笛子。五十年后，丁聪画了一张我和有光的漫画，画中我在吹笛子，有光在骑车。画得好极了，很多报刊都转载。但知道丁聪能吹笛子而且吹得很好的人恐怕很少。

一九四三年的一天傍晚，小平和房东的孩子在院子里玩包车，房东的孩子坐在车上，小平拉着他来回跑。不晓得从什么地方飞来一颗子弹，正打中小平的肚子。我闻声出来，看到小平的双手、衣衫正渐渐地被鲜血染红，我眼前一片黑，但马上用手撑住了墙，心里在喊着：小平！小平！妈妈在这里，我来帮你！我真的没有倒下，为了我的儿子，我冷静下来，和房东一起把小平送到成都的一家空军医院。医生一点也没有耽误，马上麻醉，开刀后发现小平的肠子被穿了六个洞。

第二天成都的报上都登出了这条新闻，用的标题耸人听闻——"五世单传的儿子中子弹"。

一九四一年与吕恩在江安戏剧学校门前。

丁聪一九八八年画的有光和允和。

有光正在重庆出差,杨云慧代我打了长途请他马上回来。小平术后高烧,我三天三夜没有睡觉,一口东西也咽不下。小禾没有了,我不能有一分钟看不到小平。第四天早上小平的烧退了,有光也赶到了,我却连哭的力气都没有了……

小平的手术做得很好,为了表达谢意,我们把参加手术和护理的所有医生、护士请到家里吃了一顿饭,其中还有一些是外国人。

只剩了四个人

一九三七年底逃难入川时,除婆婆和一双儿女外,和我一起走的还有两个保姆,四十多岁的钟妈和十八岁的小老姐。我们总共带了二十件行李。我真想不起来自己当时怎么会那么能干,一个病弱的娇小姐,走南闯北,俨然是大家的主心骨。

有一次在从江安到重庆的船上,碰到了曹禺的夫人郑秀带着一个孩子，还有江安戏剧学校一位大夫的太太带着一个孩子。途中船触礁损坏，紧急呼救，另一只船来接应。要转到这只船上，我们每个人都有不少行李，她们还每人有一只很大的箱子，挪动一个都很困难，一些脚夫趁火打劫，每只箱子要十块大洋，否则不肯搬。两位太太说尽了好话，苦苦相求也没有用。我果断地自做主张说："十块就十块，搬！"搬好之后，我给了他们每人两块。几个壮汉围着我大吵，我对围观的人们说："同胞们，我们几个女人带着孩子，他们这样敲竹杠，你们说对不对？"同船的人纷纷同情地为我们说话，壮汉们只好挥挥手说："走吧，走吧。"到了重庆朝天门码头，要上好长的台阶，我也是这样壮着胆子，吵嘴周旋，请人帮着搬的。

在四川的十余次搬迁，行李物品大半失散、遗落、被盗。

钟妈死了，小禾死了，小老姐嫁人了。

入川时我们是二十件行李，七个人（婆婆、有光、允和、钟妈、小老姐、小平、小禾）。出川时只剩了五件行李，四个人。

这一段生活给我留下了刻骨铭心的记忆，半个世纪后我还珍藏着小禾的一块小手帕和小平身上取出的子弹。这粒子弹孙女出国前交她保存了，我只剩了一块小手帕。

梦到长安

一九四三年，有光又调西安工作，一家人整装待发，临行前我却病倒了，高烧不退，住在重庆的医院里。行期不能耽误，有光只好把我一人留下，托付给朋友照顾，他带着孩子先走。一家人依依惜别，我却连摆摆手的力气都没有。

昏昏沉沉十天后，精神稍好，听说他们还没有到西安，我心中很不安。傍晚倚在床边，想起李清照的词"梦到长安人未到，点滴黄昏次第愁",禁不住自己也写了一首：

> 广元书到几惊讶,十日停滞旅客车。
> 病起西窗凉似水,小巷声声卖菊花。

出院后,章乃器、胡子婴夫妇接我到他家休养,我一心惦记着有光和孩子,身体稍稍恢复,就一人上路了。一路上,看国破山河犹在,想想几年来的难途生涯,生出许多感慨。在一个四面是山的小站,车停了下来,正是晚上,野花小草,暮霭朦胧,我心里涌出许多话要说,四顾无知己,就在心里默写了两首诗：

难途有寄

一

> 岁岁客天涯,夜夜梦还家。
> 青草漫山碧,孤村月又斜。

二

> 梅黄橘绿时,归期未有期。
> 易别难成聚,花飞知不知。

祭　坟

周耀平

爬上一座山。
　穿过一丛树，
　　看到一块石碑，
　　　走近一墩土坟。
供上一束花，
　点上一枝香，
　　唤一声小禾，
　　　擦干一袖眼泪。
啊，小禾，我的女儿。
　你今年只才六岁，
　　我离家已经三年。
　　　现在我回家了，
　　　　而你，却又去了。
　　　　　六岁，三年！
　　　　　　六岁，三年。
坟外一片嫩绿的草，
　坟中一颗天真的心。
　　摸一摸，这泥土还有微微一些温暖，
　　　听一听，这里面像有轻轻一声呻吟！

一九四一年

妹　妹

周小平（时年七岁）

妹妹呀，妹妹呀！
　　我们永别了，永别了你。
我是永远看不见你了！
　　到你临终的时候，却想到你的哥哥。
妹妹，你记得。
　　我们在唐家沱的时候，
一同上学，一同游玩。
　　可是现在没有了你，我是多么伤心！
我每晚到上床睡觉的时候，
　　总是想念着你。
妹妹，我们永别了，永别了你。
　　我再也看不见你了。

周有光给四妹充和信

四妹：

重庆车站别后，我带着一颗沉重似铅的心，经过漫天的雨天路途，到家已在廿九日晚六时。在家门口，没有进门，我隔门在门洞里问房东家的男工："小平怎样？"他说："在医院里。"在他的语音里，我听出小平安全的消息，这才松了一口气，否则，我真不敢进这个大门。我上楼，只有老母亲一人在做鞋，我已得知小平有望，尽可以自然地谈话了。我转身到医院，在半路上遇见允和，也已经没有紧张的情绪，但仍是非常兴奋。到医院，这已是出事的第五天（整四天），小平热度未退清，而神志早已清醒，并且可以随便谈几句话了，除了腰间穿一洞外，小肠打三孔，大肠打一孔，并伤一处，共计六处破伤。事情出在一九四三年一月二十五日下午一时许，地点在大门以内天井中，入院在二时左右，经三小时准备，四小时手术，至晚八时许，才由手术室出来到病房，一切科学方法都已用尽。医院隔壁是美空军医院，各种设备可以通借，曾输血200cc，其他针药种类繁多，无时或间，所以经过十分正常。最初三日昏迷，到第四天才敢说危险过去，这好比在八堡看钱塘江潮，平静的海岸忽然可以卷起百丈波涛，等到我赶回成都，又已是潮退浪平，只能看见江岸潮痕处处了。我记得当定和三弟闹离婚问题时，他气愤几不欲生，我以"多面人生论"开导他，当时他虽固执，今日他已深明此义。我知道允和把一切希望都寄托在小平

一九四一年,难途中的小平(左)、小禾,摄于江安。这是小禾的最后一张照片。

身上,万一小平有意外,允和的悲痛将又非定弟那时可比,我唯一可以劝解她的,也只有"多面人生论"。而我为自己解说,自己和自己辩论,汽车的颠簸叫我疲倦,叫我麻木,这也帮助我心情平静下去,但我无论如何不能鼓起积极的生活兴趣,也不能自己接受自己的积极人生观,我逐步步入宗教的安慰里去。我在教会学校读书多年,但是没有信教,小禾死了第三年,我才受洗礼,但我没有做过祈祷,这次我为了小平,做默默第一次祈祷。我渐渐失去了对人力的信赖,我只有茫茫地信赖神力了。八姐(绮和)说:"如真小平有事,我看二姐(允和)难活,老太太也经不起这打击,耀平岂能独存,这不是一家完了吗?"真的,假如我一到家门口问着那个房东家男工,如果他的答复是另一种,那么我眼前的世界将是完全另一种色泽。人生的变幻我真无法捉摸的了!小平才说脱离危险,我们就丢开小平忙着定和三弟的音乐会,二月五六日两天,在个礼拜堂里举行,成绩意外地好,音乐会开完的第二天,小平就出院,现在家中休养,已能下床行走,每隔两日医生来看一次,大约要两个月才能完全康复。我家有一个挂了彩的小伤兵,这也是抗战家庭应有的点缀吧。我到家的第二天就打一个电报报告你小平已脱离危险,不知能否收到。一直在忙乱,无法把笔,现在是雪雨全消的一个夜晚。允和与小平都已睡着了。火盆里还有些余烬,停电,一支洋蜡烛只照明书桌的一角,窗外积雪已消,但又疏疏下着微雪,明天的屋檐或许又能积起些白色。允和为了解除小平的寂寞,买了一对小兔儿,养在卧室里作伴,这一对稚兔大概簌簌作声。桌上有我和允和写给从文与兆和的信,他们从你那儿已经知道了这件意外的事,并且汇来了一万元,我们只能暂借一用,仍旧要还给他们,因为他们也很困难。而我们现在还有办法挪借,不若小禾不幸的当儿,那么走投无路,这或许也是小平之所以幸于小禾吧!这桌上还放着一尺直径的美丽的花蛋糕,是朋友送给小平的。小平经此一病又多了许多朋友,所有医生看护没有一个不喜欢和他打交道。小平自己说:"真奇怪,为什么大家都喜欢我,这样的生病倒也不坏。"明天我们要把医院的医生和看护请来吃午饭,表示答谢他们。阴历已到年夜了,我们这个年关总算过得紧张而愉快了。三弟也在此地过年,小平以未能听到三舅舅的音乐会为憾,三弟昨晚在此地举行床头音乐会给小平听。音乐会的合唱团昨天下午全体都到我们这里举行茶会,小平也带伤出席,一切都转危为安,或许还能转祸为福呢。如有便车你能来此休养几时,的确我们这里住的环境在战时成都要算上上了。

  祝

你的雷峰塔写作成功,健康日进!

成都 甘园
耀平
一九四三、二、十夜

一九二九年,张武龄与六个儿子。立者左起:定和、寅和、宗和、宇和、寰和、宁和(前排坐者)。

六兄弟

我们兄弟姊妹共十个,四姊妹在前,六兄弟在后。女孩子依次叫大毛、二毛、三毛、四毛;男孩子依次叫大狗、二狗、三狗……毛(猫)狗同"笼",从来不争吵,相处得好极了,可能是因为我们的名字里都有"和"字,十个"和"在一起怎么能不和美、和谐、和平、和睦?

我们的大名是:

女:元和、允和、兆和、充和;都有两条腿,要跟人家走。

男:宗和、寅和、定和、宇和、寰和、宁和;都有宝盖头,要留在家里。

连续生了四个女孩之后,大弟宗和是家里的第一个男孩子,宝贝得不得了。出生后二十四小时不离人,有奶妈专门看护,住在妈妈的后房,另有一人服侍奶妈,洗尿布等事都不用奶妈动手。

大弟是兄弟姊妹中最最老实厚道的。从来不懂得讲谎话,他比我小五岁,我一天吵吵闹闹唱唱跳跳,他总是像女孩子一样安安静静的。我们常会讲他小时候的一桩笑话。母亲很爱看戏,但又担心祖母不大高兴,每次走之前都到祖母房中请晚安。宗和每天晚上总是在祖母面前请安玩耍,奶妈教他祖母问起怎么讲。祖母和旁人每次问起大弟:"你妈在家吗?"大弟总是认真地回答:"在家,洗脚。"不多说一个字。有一晚母亲奉祖母之命外出办事,祖母故意问大弟母亲在哪

张家十姐弟，一九四六年七月，摄于上海。前排左起：充和、允和、元和、兆和；后排左起：宁和、宇和、寅和、宗和、定和、寰和。

里，大弟仍旧认真地说："在家，洗脚。"祖母和奶妈们大笑。他考大学时，先考取了东吴大学，但他不甘心，第二年终于考取了清华大学。学历史，教历史，我们家有记日记的传统，数宗和的日记保存最完整。

二弟寅和读完光华大学，又到日本念书。他人很聪明，诗写得很好。

三弟定和是男孩子中最有个性的，人也细致得不得了，和我一起出去，要检查我头梳得对不对，衣服、鞋、袜子穿得是否合适都要管。这也许和他搞音乐、作曲有关。

四弟宇和早年曾留学日本学习农业。"卢沟桥事变"后回到国内进金陵大学重读一年级。后任南京中山植物园研究员。四弟是张家唯一一个不搞人文科学，而从事自然科学研究的人。

五弟寰和是同母所生的姐弟中最小的一个。他毕业于西南联大，抗战胜利后回苏州一直在"乐益"当校长。

最小的弟弟宁和是继母所生，为纪念一个未成长的弟弟，所以我们都称宁和为七弟。继母生的头两胎都死了，所以对他的照顾周到而又严格。我还记得他每天早饭后坐在马桶上苦兮兮的样子。七弟很聪明，受三弟定和的影响从小就喜欢上了音乐，寰和在合肥乡下结婚时，宁和从上海背着小提琴到婚礼上去演奏。七弟对哥哥姐姐们好极了，我们虽不是同母所生，但彼此之间的感情很深。我和有光搬到上海，七弟有一段时间就住在我家里，每天早上天不亮，他的小提琴就"吱嘎吱嘎"响起来，吵得我们睡不好觉。他练得真刻苦，下巴磨破又结了痂。

一九四五年，宁和到法国跟一位有名的指挥家学习指挥，成为当时国际青年交响乐队中唯一的中国人。在那里，他和比利时小提琴手吉兰相爱，并结为终身伴侣。吉兰是比利时国家乐队终生小提琴手。

解放后，七弟夫妇回国，他是中国交响乐团第一任指挥。吉兰的母亲不放心，也跟着来了。他们在这里的生活虽然说不上豪华，但很平稳、幸福。五六十年代他们曾两次回比利时探亲，来回都很顺利，可一九六〇年第三次申请夫妇同去探亲时，却遇到了麻烦。新的政策规定，只批准吉兰走，不批七弟走，后经过多方努力，找到周总理，才批准两人同时走。这一去，他们再没有回来。

四姊妹真的都远离了故乡，六兄弟也没有个个都留在家里。

一九四六年，十个手足同胞从云南、四川、合肥乡下出来，团聚在上海的大姐家。还多出了三个夫婿（四妹还没有结婚）、四个孩子（我的小平，三妹兆和的龙朱、虎雏），大姐结婚晚，这时孩子还小，没有带到照相馆来。

缜和(站)、元和(中左)、允和(中右)和兆和(坐)。

姊妹情长

我们四姊妹（元、允、兆、充）同父同母，总共相差不过八年，却生得个奇怪，两黑两白。老大老二白，三妹四妹黑。不是长大变老之后变黑的，而是从小就黑。一九七九年小四妹充和离家几十年后第一次从美国回来探亲，我们三十几年不见了，见面的第一句话我说的是："小四黑子，你怎么还这么黑啊？"一黑一白的两姊妹抱在一起，我们都老了。

绰　号

大姐元和是我们四姊妹中最周正文静的，不但五官长得端庄秀美、圆润饱满，性格也极温婉宽厚，敬重长辈，体贴照顾我们这些弟妹。自幼受祖母刘太夫人及父母宠爱，亲戚们也同声赞美。她是老大，自然比弟妹们都成熟些，幼时就显得颇为老成持重。祖母总是让她在楼上的厢房陪伴自己，吃饭也常是在祖母房里比别人丰盛些。比如早餐时，就可以有面点或春卷、火腿、鸡肉、鸭肉、香肠或咸鸡胗等多种选择，午、晚餐的米饭也要做成蛋炒饭。这样她就很少出来和大家相处，也使得她和家里其他成员比较疏远。但我们三姊妹（元、允、兆）因为自小就有同师之谊，我和兆和又是大姐最早组织的家庭剧社的台柱子，我们一起读书，一起玩，一起闯祸，形成了三人小团体。大姐艺术方面的才能自幼就有表现,不但昆曲唱得好,还懂得服装和表演,家里存了不少好的布料,我们要表演或学校里有演出,爸爸就让大姐挑好布料自己设计再请人按样子剪裁缝纫。

祖母仙逝,大大过世,有了继母后,元和大姐就外出读书、工作,许多年没有在家里。在上海读大学时,大姐穿衣的颜色、式样一直都很雅致得体,她最喜欢的颜色是咖啡色,很配她的肤色和仪表。在上海大夏大学上学时,被称为"大夏皇后"。她还和大夏大学的三个喜爱戏剧的女同学结成死党,自称为"四大金刚"。几个人几乎每个周六和周日都会去游乐场看戏,昆曲、京剧、地方戏、话剧、歌舞剧花样繁多,她们都喜欢看,但最喜欢的还是当红小生、昆曲名角顾传玠的戏。大姐曾评价顾传玠演的《太白醉酒》中的李白"十全十美,令人叫绝",深为之陶醉。

大学里的男生挨个给女生起外号,我有两个绰号:一个叫"绿鹦哥",因为我又瘦又小,好管闲事好讲话,尤其好打抱不平,又爱穿绿衣服;另一个绰号就不妙了,叫"小活猴"。这个绰号还见过报,一九二八年上海《新闻报》上有这么一篇报道:《中国公学篮球队之五张》,其中有"……张允和玲珑活泼、无缝不钻,'小活猴'之称……惜投篮欠准……"

年纪大了,翠绿同青春的时光一起远去,我开始喜欢紫色。戏剧演员有一句行话"宁穿破不穿错",舞台上,年纪大的女人讲究穿紫裙子,取"子孙万代"的吉祥音。"文革"后,昆曲研习社刚恢复活动,大家推举我为社长。在第一次大会上,我特意穿了一件紫色带滚边的中式上衣,当时大家都还穿得非常朴素,我做了三分钟的发言,最后一句是:"我今天为什么穿这件紫衣服,就是希望我们的昆曲艺术能子孙万代,永远流传下去。"

三妹又黑又胖,样子粗粗的,没有一点闺秀气。她的绰号总归离

一九二八年，元和（前中）与方英达（左）、李芝（右）、李芸（后中）合影留念。

不开一个"黑"字。世传三妹的绰号"黑凤"，并不是男生起的，这个名字我怀疑是沈从文起的。男生原来替三妹起的绰号叫"黑牡丹"，三妹最讨厌这个美绰号，我家三妹功课好，运动也不差，在中国公学是女子全能运动第一名。可在上海女大学生运动会上，她是五百米短跑的最后一名。三妹喜欢男装，那时女人的旗袍下摆是窄的，而她偏穿男式的大摆袍子，颜色也总是阴丹士林的蓝色。有一次去参加亲戚的婚礼，家里的人嘱咐她一定要做一件新衣服，她又要做蓝色的，我气得把她骂了一顿："人家是结婚，你做蓝布袍子干什么？"

四妹在上海出生后不久，就被二房叔祖母抱养。叔祖母成为她的养祖母。

叔祖母的佛教法名叫"识修"，是李鸿章的侄女，即李鸿章四弟李蕴章的女儿。李蕴章育有四男七女，他极重视对子女的教育，无论男女孩子，都配有严格挑选的家庭教师。叔祖母是李蕴章的第四个女

一九三〇年在南翔。

儿，嫁给张树声的第二个儿子张华轸，从一个望族进入另一个望族，成为张树声的儿媳。张华轸虽终生没有取得什么功名，但张家已有的丰厚财力、两个人相似的家庭背景和许多共同的兴趣，使这对夫妻情投意合，生活和美。但人过中年，她的不幸却接踵而至：丈夫过世，女儿早亡，外孙夭折。婚后受丈夫影响习佛悟道的"识修"，在一系列的悲剧发生后，更虔心向佛，与青灯黄卷为伴，以仁慈的心对待周围所有的人和一切小生灵。虽没有公婆、父母要侍奉，也没有子孙要照拂，但她的生活也算不上孤单，众多的男女仆佣，常来探望她的尼姑，一些投靠到她门下无依无靠的女人，甚至她收养的有先天缺陷或家庭无力抚养的孩子。生活虽然黯淡，倒也平稳安详。

四妹充和过继后使她的生活一下子有了阳光。名门书香之后的叔祖母，是充和的启蒙老师，她悉心严谨地培育四妹，三岁前就学会了背唐诗，六岁能完整背诵《千字文》、《三字经》，七岁时我们见到她已经能联诗对句。六岁起叔祖母就替她请了顶好的两个老学究先生教她读书写字，在吴昌硕弟子、精于楚器研究的考古学家朱谟钦（拜石）先生指导下学习古文和书法。这位朱先生在张府住了几年，直到叔祖母去世，充和离开合肥。整整十年的时间，四妹的白天几乎都是和先生在书房度过的，早饭后到晚饭前，中午只有不长的午餐时间，只有在节庆的日子，或每十天后仅有的半天假期，她才能到大宅子中荒芜的院落中玩耍，去翻看祖父、曾祖收藏的大量书籍，在家族的祠堂和宗庙里"拜谒"她最景仰的孔圣人和先人张树声。每进院子中的花台厅阁，栽种着不同的玉兰、梧桐、桂花、苹果、李子、兰草、绣球花……对于这个小姑娘来说，她身处的已经是一个太丰富庞大的世界了，她并没有离开围墙的太大冲动。

叔祖母曾带四妹回过几次苏州，三个姐姐对这位稀客宝贝得不得了，我自告奋勇做她的老师，管教她，摆弄她。每次来没有几天，干

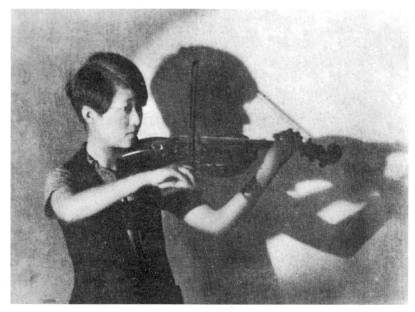

充和像兆和一样,也爱着男装。

干们就说我这个皮猴姐姐把四妹也带皮了。我平时欺负三妹惯了,有些事却心甘情愿让着小四妹。四妹和三妹一样,生得黑黑的,从小也没看出好看。我们在上海、苏州时间长了,虽有家乡的口音,但掺进了"洋"的腔调。在合肥张家深宅大院安静地长大的四妹,我们看她穿的不如我们漂亮,说话乡音重,蛮土的。我们在大城市里经常可以上戏院看戏,我们还看过许多新书。不管懂不懂,我们可以讨论科学和政治,我们还有老师教舞蹈和歌唱。四妹有的时候参加不到我们的高谈阔论中来,我们姐弟疯在一起踢球的时候,她也不懂有些什么规则,只能做个守门员。只是,真到联诗填词、临碑临帖,我们几个姐姐都不得不甘拜下风、心存敬意。四妹真是童子功扎实,很早就读了启蒙书,接着是经、史、诗、文,还有书、画,也有戏曲和音乐,很早便走进了古典的精神世界。当时,只有极少数世家,所谓的"书香

上世纪三十年代,张充和于北京香山。

兆和一九三二年摄于吴淞。

门第"才能给子女提供这种古典式的训练。四妹说：十岁以前，读书时老师和祖母都不为她讲解词义，只是读和背，只把读过的字句记在心里。熟读成诵，等时候到了，意义自然浮现。她每天在书房里读书习字的时间要有八个钟点，很少有事情能分她的心。早年所受的这种特殊教育，使她从小就养成了沉思默想的学者习气，到后来，她的各方面的才能都大大超过了我这个"老师"。

叔祖母去世后，回到苏州的四妹十七岁，我们三个姐姐都已经在上海读大学了。她按照爸爸的安排进入乐益读完初中，又到上海的务本女中和光华实验中学接受新式教育读完高中。很短的时间，她就补上了中学的课程。一九三三年四妹到北京参加了兆和姐姐和沈从文的婚礼，婚礼是在中山公园水榭举行的。之后她就决定留在北京，先在北大旁听，第二年准备考北大。当时北大的考试有四门功课：国文、历史、数学、英语。前两门，她已经自幼就打下了很好的基础，英文在中学学了两年也觉得并不难掌握。唯独数学，无论她的姐弟和他们的有很高学历的朋友提供怎样的帮助，她就是搞不清楚，如同她在中学课堂里学不会一样，她看不出学习这些意义何在，又应该从何入手。她说："家里每个人都想帮我忙，可是我真的很怕数学，一想到数学就头痛。"她彻底放弃了，考试那天该预备的文具她也不带，家里人为她准备了圆规、曲尺，她说用不到，因为自己连题也看不懂。那年的国文试题大家都说很难，尤其一段古文断句难得很。而这个试卷在充和看来简直毫无新奇，不写诗填词也不点评古文，只是给几页古文标点，回答几个文法问题，作文也简单得很。结果出来，她的国文是满分，数学零分。这给学校制造了不小的麻烦，因为按规定有一门功课是零分是不能录取的，可学校一些有名的学者看了她的国文试卷都很希望能录取这个学生。据说当时还重审了她的数学卷子，看能不能有理由给几分。可负责重审的听说是华罗庚的清华同学许宝騄，书呆子气十足,白费了工夫重审试卷,还是零分。考试委员会经过讨论通融,违反常规坚持录取了这个奇怪的女学生。

四妹报考大学时改名为张旋,据说开学后系主任胡适在点名时说:"张旋,你的数学不大好。"一九八四年我到美国和四妹夜里闲聊说起此事,四妹还玩笑说:"其实是大不好。"

不知是四妹天性中就有活跃的成分还是真被我这个"皮猴"姐姐带"坏"了,有一阶段四妹比我还淘气,喜欢翻筋斗,和大姐比武功。我记得最清楚的是她在宋美龄提倡的"新生活运动"时搞出的笑话。在四川,一次她在坐黄包车时赤脚,脚趾甲上擦上蔻丹。一个衣服穿得像警衣的女人奇怪地说:"脚上涂上颜色,怎么这个样子?"四妹反问:"脸上能擦,手上能擦,为什么脚上不能擦?你穿的才是奇装异服呢!"还有一次在汉口码头等船,四妹戴着红帽子,和四弟手拉手在江边走。那个年代,这种举动是很大胆的。有人侧目,不但是对手拉手,也对红帽子。四妹说,青天白日满地红嘛,为什么不能戴红帽子?

四妹喜欢戴小红帽,在北京大学念书时同学们叫她"小红帽"。"小红帽"很淘气,有一次到照相馆特意拍了一张歪着头睁一只眼闭一只眼的古怪照片,又拿着这张照片到东吴大学的游泳馆办理游泳证。办证人员说,这张照片怎么行,不合格。她装出很奇怪的样子说:"为什么不合格?你们要两寸半身,这难道不是吗?"

媒 婆

"媒—婆——"沈从文先生带着浓重的乡音叫出这两个字特别好听,他这么叫了我有五十多年。我不但给三妹当媒婆,还为大姐的婚姻做了一半的主。

"怎么,这难道不是两寸半身照吗?"

一九四四年，张元和、顾传玠结婚周年照。

  三妹紧跟着我，只晚我半年（一九三三年十月）也结了婚。大姐人品出众、条件优越，但选择太苛，直到近三十岁了还是骄傲的孤单的公主。"卢沟桥事变"后，我们手足离散，大姐逃难到汉口。一九三八年，我一家和弟弟妹妹在大后方碰了头，我写信给大姐，告诉她："四弟五弟四妹都在四川，你也来吧。"她回信给我说："我现在是去四川还是到上海，一时决定不了，上海有一个人对我很好，我也对他好，但这件事（结婚）是不大可能的事。"我看出了她的矛盾心理，也对她和顾传玠之间的感情有所察觉。顾传玠原名时雨，一九二一年春，苏沪曲家俞粟庐、贝晋眉、徐凌云等忧虑昆剧后继无人，集资在苏州五亩园开办昆剧研习所。顾时雨入研习所时仅十一岁，分科时，因相貌清隽灵秀，选入小生行。学子均由曲家王慕洁订名，取传承之意。此期学生名中一字皆为"传"，世人称"传字辈"。末字按行当分，小生是斜玉旁，取其"玉树临风"，玠者圭也，乃玉之贵者,顾时雨从此名顾传玠。他秉赋聪颖,心境沉潜,加上扮相脱俗,台风极雅,唱作俱佳,很快声誉鹊起。吴昌硕有一嵌字格的对联,上联写:"传之不朽期天听,玠本无瑕佩我宣。"一九三○年,他和梅兰芳合演《贩马记》,梅大加激赏,盛邀他合作。虽说顾是难得的优秀昆曲小生,人品也不错,但要想托付终生,在当时的社会条件下,一个名门闺秀女大学生和一个昆曲演员之间的悬殊地位,来自各方面的舆论,确实给了大姐不小的精神压力。我理解她,支持她,马上回信代行家长职责:"此人是个是一介之玉?如是,嫁他!"大姐得到信,很快回上海,一九三九年和顾传玠结了婚,这时大姐已过了三十岁。上海小报以"张元和下嫁顾传玠"为题,登的一塌糊涂。

《申报》一九三九年四月三日以"昆剧界的珍闻"为题刊登了幔亭曲社业余昆曲家张元和与顾传玠即将结婚的消息:"知顾张好事已近,定于本月二十一日,假四马路大西洋菜社结婚,同庆'闺房乐','懒画眉'欣'傍妆台','龙凤呈祥','佳期'待产'玉麒麟'",以传统曲名串连起来的独特方式祝福这对昆曲知音。婚礼时,新郎穿西装人如其名玉树临风,新娘披婚纱秀美动人。婚宴结束后百余宾客不散,聚在宴会厅。顾传玠的师兄弟,正在上海仙乐大戏院演出的"传"字辈演员都赶来助兴。方传芸在《送子》中扮演送子娘娘,演出后跑到后台,将手中抱的"子"送交新娘元和。元和满面娇羞,接与不接两难,一时慌了手脚。幸有好友在旁代接后再转手交她,才解了尴尬。而此时宴会厅有人大叫"顾传玠唱《跪池》!"一呼百应,《跪池》——《跪池》——!都知道《跪池》是昆剧《狮吼记》中陈季常被妻池边罚跪的一折,顾传玠面色绯红连连打躬作揖,宾客们哄堂大笑,尽欢而散。顾传玠后来写信给我,开玩笑说"一朵鲜花插在了牛屎上"。后来的事实证明,他们的婚姻是美满幸福的。

大姐和姐夫在上海的家,成为我们弟妹们,甚至弟妹的配偶、友人、未婚妻停留的港湾。谁家有需要，都能上大姐那儿去歇、去住。有什么困难都能得到大姐和姐夫的热情慷慨的关怀、帮助。三弟说"长姐如母"，一点不错。

一九四六年，我们一家从四川回到上海，住在我大姐和姐夫顾传玠家里。有一天，我看见顾传玠在桌子上细心地、一本正经地研究一朵花。我问他："你在做什么？"他说："我在数花心中有多少雌雄花蕊。"我大笑，他说："二妹，你笑什么！做研究工作，一定要做到花心里。"我恍然大悟，想起原来他是金陵大学农专毕业的。当年姐夫顾传玠放弃了如日中天的演艺事业，接受"新乐府"昆班的创建者和投资人严惠宇的资助，走上了求学的道路。他改名顾志成，取其"有志者事竟成"之意，先进入东吴附中，又考到上海光华附中，继而考入南京金陵大学农科，成为昆曲传字辈中唯一接受过高等教育的人。大学毕业后，他在镇江从事农技管理工作，一度到上海师承中学做教书匠，不久又改弦更辙，在严惠宇的推荐下出任上海烟草公司副经理，从此走上商道。

姐夫对学习是那么用心，因此我想到他对昆曲是非常爱好、也是十分用心的好演员。我为大姐和顾传玠的婚姻"一锤定音"，实际上，昆曲才是他们的真正"媒人"。

还有一件很有趣味的事，一九九二年，华裔导演王颖拍摄《喜福会》，是根据美籍华裔小说家谭恩美的畅销小说改编的。主要演员有很有名气的卢燕、邬君梅，还有周信芳的女儿周采芹，居然请大姐在里面扮了一个小角色。画面不多，却也辛辛苦苦、早出晚归拍了很多天，有的镜头要反反复复走很多遍，大姐已经八十五岁了，真不简单。大姐在给我们的信中说："这些使我想起少年时，父亲有开办电影公司的设想（当时我国还没有电影公司哩！），堂兄绂和五哥说：'大妹，九爷要开电影公司，那我们都去当明星。'后来父亲改变了主意,办了乐益女中,我的明星梦,直到老来才实现,岂不有趣!"

大姐和姐夫一九四九年一同去台湾,此后一别几十年我们没有相见。一九六五年姐夫顾传玠因肝病在台湾去世,四对美满姻缘是大姐这里最先缺了一角。以后和大姐几次白首相见,我们交谈都离不开昆曲,自然也离不开"一介之玉"的姐夫,每次也都会谈到他们别开生面的婚礼,大姐总是淡淡的笑容,有点酸苦,更多的是甜蜜。

只可惜四妹没请我这个媒婆,也没有在我们结婚的那个年龄成家。在北大学习期间的一次昆曲活动,使在北大教拉丁文、德文和西洋文学的傅汉思对她一见倾心,傅汉思觉得希腊悲剧与昆曲有同样古典、深厚的优美,更对才貌双全的充和赞赏不已。充和有段时间回苏州养病,再回到北京后住在三姐兆和家里。而傅汉思和沈从文是朋友,原就时有往还,此时便更是常来家里向兆和的弟弟学习中文。渐渐大家觉出些苗头,傅汉思一来,从文就借故引弟弟去做旁的事,留下傅汉思和充和"闲谈"。开始充和并不同意傅汉思的追求,她认为同外国人结婚是件很麻烦的事,但后来还是同意了。一九四八年十一月四妹自作主张嫁给了洋人傅汉斯,美国驻北平的副领事做证婚人,兆和、杨振生代表双方家属出席结婚仪式。清华大学校长梅贻琦夫妇、朱光潜夫妇等都参加了婚礼。我这个二姐没有为四妹帮上这个忙,没有媒婆,只有媒人沈从文。

那时四妹将近三十六岁了。第二年两夫妻就到美国定居,被比喻成"蔡文姬",和我们一别几十年。

傅汉斯是德裔美籍学者,文雅得很,待四妹很好。在美国,他们应聘于耶鲁大学。傅汉斯被耶鲁大学东亚系聘为教授,四妹在耶鲁大学美术学院教授中国书法。她曾长期担任美国昆曲学会顾问,组织演出,推广中国戏曲。夫妻生活的和美使四妹的风格个性完好地保留下来,到老年我夸赞她还是人美、字美、画美、戏美的四美(四妹)。

她的嘴巴还是幽默风趣,我们闲话讲起她曾经写过不少的文章和诗词,可惜她自己不留意收集保存,都失散了。她大大咧咧风趣地说:"随地吐痰,不收拾。"还是当年机灵淘气的样子。

打了几十年的嘴仗

可能因为我和三妹的年龄接近又从小到大学一直生活在一起,好得像一个人,无话不说,但毕竟一黑一白,一胖一瘦,差异还是有的,有些事打了几十年的嘴仗,到现在也难分胜负。别看我的身体不好,可脑子好得不得了,她干的"坏事"我全记在心里,她就是不承认,像小孩子一样口口声声辩解:"就是没有这个事情!"说我专说她的坏话,戳她的蹩脚。

我们小的时候,女人梳头用的头油放在一个磁盒子里,梳头时用油贴子沾上油再抹到头发上。女孩子初学女红都欢喜做油贴子,圆圆的上面绣着花,很有意思。三妹做不来女孩子的活儿,穿针引线线头上打的疙瘩缝在油贴子的正面,给我留下了几十年的笑柄。她居然不承认了,一提起这件事我们就要斗嘴。

三妹好事坏事都不记,小时候我"恃强凌弱"欺侮过她,她也不记仇。我生来体弱,又瘦又小,胃口也小,吃饭时挑三拣四,很惹人恼火。早餐是由我的窦干干负责准备的,除了有时是大饼油条外,通常是粥配上各种腌菜、豆腐乳、黄瓜片等。三妹食量大,很会饿,总是第一个坐下来,最后一个离开,吃光碗里的常常还会多要一碗饭,和着剩菜汤汁吃。我有窦干干撑腰,总是有点坛子鸡、熏火腿,还不肯好好吃。看三妹吃得香,我不服气,非要仔细看了她碗里就是粥和腌豇豆并没有别的才肯甘心。三妹的朱干干很疼她,知道惹窦干干不起,也不与她争斗,她告诉三妹,坛子鸡的味道其实和腌豇豆差不多,不向旁人祈求，是有骨气的表现。她总是让三妹多吃几碗饭，吃得胖嘟嘟的。记得四五岁时一次家里吃水果，我们小孩子每人一个苹果，我三口两口吃完了自己的，看看三妹还有一大半没吃，就一把抢过来，三妹瘪瘪嘴要哭，我一巴掌打过去："哭什么哭！"她马上不作声了。家里的国文教师于先生凶巴巴的，三妹常被他用木尺打手心，她一声不吭也不哭。于先生不敢碰我，我会大喊大叫，不懂三妹为什么不向我学习。三妹受了欺负，总是忍气吞声，也不在意，仍旧自己闷淘。我若有一点不如意，必定会在走廊荡来荡去，闹闹嚷嚷地抱怨自己受了委屈，窦干干像保镖一样护在我身边，一大一小的两个"强人"，所向披靡，乔得全家不得安宁。大大也只好有意无意地常对其他奶妈和干干说："这小二猫子，谁也管不了她，老窦（窦干干）老护着她，我一点办法也没有。"现在想想真奇怪，我那时怎么那么不讲理呀？

恋爱时节的三妹和我无话不讲，日记也拿给我看。她聪明健美，追求者不少，其中不乏相当优秀、知名的人。这个淘气的丫头不为所动，居然在日记本上排出 frog No1、frog No2……（青蛙一号、青蛙二号……），我逗她："沈从文该排到癞蛤蟆十三号了吧？"

在中国公学读书时，沈从文给她写了不少信，三妹招架不住告到校长胡适那里，胡适先生看了信笑笑说："沈从文先生顽固地爱你。"三妹说："我顽固地不爱他。"从胡适先生那里回来后她得意地把这件事告诉我。是呀，连我当时也觉得这是不可能的事。沈从文？写的白话文小说，有什么稀奇？还听说他第一次讲课站在讲台前居然紧张得有十分钟讲不出话来，然后突然大叫一声，吓得同学们都怔住了，他却说："你们来了这么许多人，我要哭了。"多么好笑，从小到大教我们的那么多先生可没有一位是这样的。我们什么时候开始对这个"乡下人"的看法逐渐改变了，真是一点也想不起了。幸而沈从文先生的"顽固"，不然我当不上媒婆事小，三妹这只黑"天鹅"不知会飞到哪

允和与元和。

兆和与元和。

四姐妹一九三六年在苏州。右起：元和、允和、兆和、充和。

三姐妹与三连襟。左起：前排：元和、顾传玠；后排：允和、周有光、沈从文、兆和。
（一九四六年七月，上海）

全家福:左起,前排:周小平(允和子)、沈龙朱、沈虎雏(兆和子);二排:元和、允和、兆和、充和;三排:顾传玠、周有光、沈从文;四排:宗和、寅和、定和、宇和、寰和、宁和。(一九四六年七月,上海)

去。几十年的生活证明,沈先生是多么好的人,三妹与他同甘同苦,经历了重压和磨难,为此三妹的性格都有了许多改变,很少有人能相信她原来是那样的顽皮活跃。

这些事三妹现在居然都顽固地不承认了。

告贷

一九六四年,九十六岁的婆婆生病住了六个月的院,我们想办法给她找最好的医生和最好的药。那时胡子婴在卫生部工作，我们托她买在当时很少有的外国药。我没有工作自然也没有收入，周有光的工资在那时算是高的，每月二百四十一元半，可光医药费一项每月就要七八百元。我生平第一次开始借钱，公家借，私人借，共借了四千元，三妹那儿借得最多，一千五百元。我从没有欠过这么多债，无形的重压使我好像害了大病，昏沉沉轻飘飘的，一天可以昏睡二十小时。眼看过年了，幸好我们几姊妹少时的朋友"窦舅舅"寄来了四百元，我还了表弟董寅初二百元（共向他借了四百元），用余下的二百元过了年。

九十六岁的婆婆去世了。

一九六六年初，我除了还欠董寅初二百元外，还清了所有的账。还没来得及"一身轻"，"文革"就开始了。周有光被打成"反动学术权威"，我开始不明就里，听到"学术权威"心里还很高兴，觉得挺好听。很快我就尝到了"权威"的滋味，每月只发三十元生活费，除去房租等开销，还剩几元钱，怎么生活呢？又开始了第二次借债。前前后后又是四千元，三妹的日子也不好过，但她尽量地帮我，到一九七三年秋我去还最后一笔钱，沈从文和三妹一起惊讶地说："哪有那么多钱呀？"三妹从小数学不好，他们两夫妇都不会算账，也从不记账。

我有账，也许是从第一次借钱开始吧；我养成了记账的习惯，到现在我还有十一个账簿，家里家外的所有进出往来账目不拘数额大小我都有账。

只有一笔呆账，我至今欠董寅初二百元未还。

和乐终有日

我想大姐、四妹，她们也想我。一九七二年在美国的大姐写诗给我：

寄二妹
张元和

极目关山远，家乡何日归？
疏林含皎月，犹自发光辉。

那时候正是国家动荡、我的小家也不安稳的年代，诗经过一番周折到我手里，我知道姐姐是惦记我们，句句诗别有深意。我和诗一首给姐姐：

芳草连天碧，雁归人未归。
和乐终有日，春华秋月辉。

一九七三年一月我得到大姐、四妹书信，夜梦大姐、四妹归国与众姐弟欢聚，躺在床上脑子里就有了一首诗，起床后记在纸上，我称为"枕上戏作"：

寄大姐四妹
张允和

云水关山万里间，梦魂飞越海天边。
望断秋水肠堪断，长夜相思枕月眠。
棠棣花开满院香，炉边携手话离肠。
梦里相逢不说梦，肯负夏月共秋光。

分别了几十年的姊妹，开始了诗、信的往还。周有光七十岁生日，四妹充和寄诗贺寿并忆当年：

有光兄七十生日奉此祝双寿
张充和

古道古稀今不稀，君家代代有期颐。青松常见双连理，多著新书多作诗。

盐铁均衡盖世允，语文同异乐承平。无分巨细惟同力，一体春耕秋获成。

当时沪上红衣使，今日球西白发人。三世清才诚可庆，《佳期》丙唱满园春。

注：一九三三年周三姐（慧蒹）要我陪她到马浪路去代有光向爹妈求婚；事后送我红绒衣一件，称我为小天使。马浪路，即白来尼蒙马浪路，上海前法租界路名。你们结婚那天，我即席唱《佳期》。

一九七五年十二月，美国康州北港。

四妹这首诗里的"允、平、庆"是我、周耀平（就是有光）、我孙女周和庆的名字。有光念念不忘当年小四妹陪自己的三姐到张家求婚之恩，和诗以表感激之情：

谢红衣
周有光

重洋难度雁来稀，一读华章尽解颐。鹤发狼须今细剃，为酬美意学吟诗。

地角天涯久别离，年年此日忆佳期。举杯遥谢红衣使，满纸深情三代知。

注：允和笑有光鹤顶光头，三根黄狼须，用充和所赠剃刀剃尽。允、平、晓平、诗秀、庆庆，三代，均感情深。

一九七五年十二月三十日，北京。

再谢红衣使并寿汉思充妹
张允和

蹉跎岁月到古稀，三代元元欣寿颐。和乐承平允有庆，愧我无谟漫作诗。

三杯再谢红衣使，共祝青松充汉人。团圆明月佳期近，梅花开处早逢春。

注："三代元元"：大姐元和、充和子以元、寰和孙致元。"和乐"句：耀平（有光）、允和，允平子晓平、孙庆庆，也是三代。"谟"，充和女以谟。"诗"为诗秀，我家儿媳妇。"充汉人"：充和、汉思；汉思为汉家女婿，冒充汉人。"梅花"谐音"美华"

一九七五年十二月，北京。

直到一九八六年，我们四姊妹和弟弟们才在北京团聚，实现了"和乐终有日"。

大姐，我想你

小沈红由美国回到北京，大姐带给我她亲手编织的一双毛线腿套。我一拿到手好高兴。不到十分钟就套上了双腿，好暖和。这暖和暖到了我的心！直到今天还套在我的腿上。晚上睡觉也不脱，一天二十四小时，时时想我的大姐，刻刻想我们的好大姐。

从这一双腿套想到七十多年前的事，那是"三个一双"。你们莫慌，听我甜甜地道来。

那是一九二九年，我们在上海读书，我在中国公学，大姐在大夏大学。有一个星期天，我们在老伯伯（姑母）家碰头，在我们分手各自回到自己学校的时候，大姐给我一个鞋盒子，盒子用绳子捆得很好。大姐说："带回去拆，我为你买了双鞋子，瞧你的鞋子都快咬人了。别忘记，盒子里还有两个咸鸭蛋，在鞋肚子里。"说着，举起盒子摇动一下。我也没有谢谢大姐，就高高兴兴地拎着鞋盒子回学校了。

吃过晚饭，快到睡觉的时候，我想，明天，我就有新鞋子穿了，早饭又有美味的咸鸭蛋吃了。我好不容易解开了鞋盒子上的绳子，盒子里有一双好漂亮的黑布鞋。果然，一只鞋里面有一个大咸鸭蛋，一定是高邮双黄蛋。呀！里面还有白花花的什么东西？仔细一看，是两块大银元，它们在鞋子里睡醒了，向我招手。我可惊呆了，我捧着两块亮晶晶的大银元，我哭了。大姐，我想你，我们都想你，我的好大姐！

二○○一年四月十七日

二姐同我

张充和

二姐同我相聚的日子,八十八年总共不到两年。我出生八个月,过继给二房叔祖母做孙女,由上海回合肥老家。

第一次到寿宁弄家中,我七岁。见到三个姐姐五个弟弟,又高兴,又陌生,像到另一个世界。姐姐们觉得忽然跑出个小妹妹来,更是件新鲜的事。于是商量要办学校,说到做到。大姐的学生是二弟,三姐的学生是大弟,二姐的学生是我。二姐最是上劲,把我名字改成"王觉悟",还把三字绣在一个书包上,要我背着。学校在园中的花厅里,上的是什么课我记不得了。有一天,不知为什么得罪了老师,她用一把小剪刀,一面哭,一面拆"王觉悟"三个字。哭得很伤心,大大说了她几句:"这么大人还哭,小妹妹都不哭,丑死了。"事后见二姐的著作《最后的闺秀》。故事略有出入,或大有出入。

以后我们师生和好如初。她教我在一块缎子上绣花,我从未拿过针,她完成后,算是她教我绣的,到处给人看。钟干干夸我,更夸她教得好,她高兴,我也高兴。其实到现在我还不会绣花,正如我不会算算学一样。

第二次回家,家在九如巷,我十四岁。大大在我九岁时过世。继母生了三个孩子,两个不存,只有宁和七弟,才两岁。从此我们姐弟是十个人。这次是祖母带我来苏州,我们住在南园李家别墅。祖母有时把我送到九如巷同姐姐们住几日。也许不到一月,我们就要回合肥,三个姐姐在晚上，关起楼门，办了四个碟子、一壶酒为我饯行。我们谁也不会喝酒，只举举杯做样子。但二姐就真的喝了几口，即时倒在床上。大姐说："今天送四妹，不可无诗，我们四人联句，一人一句就是一首诗了。"大姐先来一句"更深夜静小楼中"，第二句该是二姐，可是她呼呼地睡着了。三姐向我挤挤眼睛笑着说："她做不出，装睡了！"她可真醉了，叫也不醒。大姐说："三妹接第二句吧！"三姐接"姐妹欣然酒兴浓"。大姐接了第三句"盘餐虽少珍馐味"，我接"同聚同欢不易逢"。现在看来，这首诗真是幼稚。但当时我真感到真正我有三个姐姐对我这么好，还给我饯行。夜间都睡静了，我是第一次百感交集不能睡，做了一首五律："黄叶乱飞狂，离人泪百行。今朝同此地，明日各他方。默默难开口，依依欲断肠。一江东逝水，不作洗愁汤。"也是破题儿第一遭五律。

第二天，大弟知我们又吃又喝又作诗，没有带他，有些失望，也不服气。他做了一首长短句："天气寒，草木残。送妹归，最难堪。无钱买酒饯姐行，只好对着酒店看。无钱醉，无席餐。望着姐归不能拦。愿姐归去能复来，相聚乐且欢。"我看了又高兴，又感动。回合肥把三首诗给我的举人老师左履宽看，他说宗和的最好。他其时十三岁（本文中年岁都是虚的），因没有读多少旧诗，所以没有旧诗老调。我们略读了一些，就无形中染了老调。以后他偶然作些，都无旧诗习气。此后只同三姐通了几封信，也还有一两首小诗。

1930年，祖母春天过世，我十七岁。秋冬之际回到家中。这次是真正回家了。但是姐姐们已都去上海进大学，我一个人在楼上一间房住。最大的转变，我得进学校，按部就班。爸爸的意思是应该要受普通教育，问题是在英文和算学上。二姐介绍她中学算学老师周侯于，从"四则"教起。我在乐益小学六年级读几天，就读初中一年级。一年后，"一·二八"事变，我们一家去上海。我斗胆考务本，居然考取高一。以后转光华实验中学,是二姐与她的同学们办的。二姐也是其中老师。她住老师宿舍,我住学生宿舍,那是她同耀平兄还在恋爱时,我同她不常见。

耀平兄请我陪他三姐去向爸妈求婚。三姐非常文雅、客气地说了很多求婚应说的话,我一句也不懂。爸爸是个重听,妈妈也不会这一套,两人只微笑,微笑就算是答应了婚事。后来耀平兄送我一件红衣,称我为小天使。他们在上海结婚,曲友们还叫我唱《佳期》,耀平兄看着曲本。以后他向二姐说,如果四妹懂得词义,大概不会唱了。其实唱清曲,题目应景就行。上台表演又是两回事。

她连生三个孩子一个不存。以后我去北平,回苏州,又去南京,都同她很少见面。直到抗战初期,她一家来张老圩避难,住很短时间就先往成都去了。后来我到成都见到她,但不住一起,我同四弟、镕和弟另住在湖广馆。她同光华教员们同住。不久我去昆明。直到一九四一年我到重庆,正是大轰炸,不记得她住何处。见面时只在荫庐胡子婴家。以后她同晓平、小禾住在江安,我也去住了几天。江安是个安静而美丽的地方。我最喜到江边去散步,也听不到警报声。

那时我的工作地点是青木关教育部,不常去重庆。忽有一个消息传来"小禾病重,来重庆医治"。小禾病已很严重。盲肠炎转腹膜炎,已变成只剩下皮包骨了。战时的特效药及盘尼西林等药,只许空军可用,医生也束手无策,只每天给小禾洗一次,腹部开一口约二三寸长,洗时并不听她叫痛。但不时要二姐抱她,说背疼。一天好几次,二姐的身个小,小禾七岁,虽瘦,对二姐说来,还是又重又大,天气湿热,我向小禾说:"妈妈累了,我抱抱吧。"她转过要哭不能哭的脸,皱着眉头说:"不!"以后又喊,"妈妈,抱抱。妈妈,抱抱。"二姐抱她坐在藤椅上,她闭着眼,安安静静似乎睡了。及至放到床上,又要抱,越来越想在妈妈身上睡。二姐多日的焦急、痛心、疲劳,虽是抱她坐下，但小禾整个上身仍是在她臂膀上。一次小禾又要抱，二姐抱是抱起了，却突然把她向床上一放，伏在床上，失声痛哭说："我受不了了，我受不了了……"我每天都在希望与绝望之间窒息，透不过气。经二姐这一发作，我跑到门外大大地抽咽。看护们以为小禾出了事，赶快进去，看看无事又都散了。

一个下午，炎热稍散，二姐同我走回荫庐，路上喝杯冷饮。两人擦个澡，天已傍晚，到医院大门，门外停一口白木小棺。我们心里明白，我说："回去！明天再来！"二姐没有反对，也没有说要再看小禾一面，也没有一滴眼泪，她已伤心到麻木了。

第二天清晨，太阳没出，我们去医院，小白棺已在防空洞。小禾离开我们安然睡去了，不再要妈妈抱了。这几十年来二姐同我、我同二姐再没提起小禾。只一次，提起五弟，她说："我很感激五弟，他替我办了小禾的后事。"

以后我进城不再住荫庐，住在曲友张善芗家，她的住处是上清寺，青木关进城最后一站就是上清寺。一天清早，天还没亮，有紧急敲门声，工人起来开门。一声"四妹！"是耀平兄，我几乎滚下楼来，我以为二姐出了事。耀平兄说："小平中弹！我要去成都，请你同去找郑泉白搞车票。"他知道我每次回青木关是郑泉白派人买车票的。于是我们又去敲郑家的门，他即刻派人到车站内部去买，不必站班，有时站班还不一定买得到。耀平兄拿到车票，就搭第一班车去成都。我送他走后，惊魂不定，晓平再出了事，二姐怎么办？这一家又怎么办？我一天到晚走路，大街小巷去跑，善芗看我这样游魂似的不安定，她说："得消息时说中弹，不死，总是有救的。成都医院好，坏消息未来，就是好的。"她到底比我大几岁，这么一说，我倒稍安定些，还是等着，等着。重庆到成都是两天的路，六七天后，得到耀平兄一封长信，叙述他一路上心理变化，好的方面少，坏的方面多。及至到家，见到老母还在静静地擦桌子（周老太最爱干净），知晓平已出院，于是一块石头才由心中放下。这封信写得真切动人，是篇好文章，我一直带在身边。十年前寄二姐转晓平。二姐回信说，此信同晓平腹中取出的子弹放在一起，传之后世。一九四五年六月在成都医牙，住在二姐家"甘园"（就是晓平中弹的地方），我有几天日记，抄下作为结束：

七月十日　医生说二姐胃中有瘤，疑是cancer，要动手术。

七月十三日　二姐明天八点动手术，耀平心中很不安，一天三次到院。好丈夫即在此处可见了。

七月十四日　二姐于八点进手术房，割去盲肠及胃中小瘤，经过良好。

七月十六日　晚间在医院为二姐守夜。

八月四日　几日来在医院。二姐瘦了八磅。胃口不开。

八月八日　二姐同房病人赵懋云，是第一届北大女生，信佛，要我唱弥陀佛赞。

八月十日　一声炮响，胜利了。耀平、晓平去前坝。

九月四日　陪二姐到湖广馆看李恩廉。

二姐大概是八月十日以后出院的，我没有记。

二姐后半生是多彩的、充实的。她为昆曲做了很多有用的事，写了很多文章，又恢复了《水》。最重要的是抗战中的苦难，锻炼了她的大无畏精神，虽然她本来也不是个畏首畏尾的人。只看红卫兵来抄家时，她那种幽默、潇洒不可及的态度。她虽然有严重的心脏病，却没有一点屈服于病的心理，仍是如常人，甚至于超过常人地勇敢办事、学习。所以她满意一切，也没有带走一点遗憾。

从"盘夫"到"惊变"……"埋玉"

张元和

婚后某次在褚民谊家,参加曲会同期。我刚跟张传芳学会《琵琶记》中"盘夫"一折,那天就同顾志成合唱这出戏。当年在同期唱曲子,都是背的,不可以摊铺盖(即看曲本)。我总是按规矩一丝不苟唱的。唱完,有位曲友哈哈大笑,我以为哪里唱得不对哩!又不好意思问。忽听他说:"张元和才结婚不久,就'盘起夫来了'……哈哈哈哈!"大家都起哄,弄得我好难为情。

抗战胜利后,允和二妹已归来。有天,志成在家中客厅,叫人搭了临时简便的戏台,欢迎一位"中国通"洋人。志成提吊三个戏,第一折"游园"我的杜丽娘,允和二妹的春香。我们二人自幼搭档演出,不需排练,即上妆上场。第二折"思凡"由曲友汪一鹈女士扮小尼姑色空,演来纯熟,是张传芳教的。第三折"惊变"志成饰唐明皇,我饰杨玉环,其他角色,是仙霓社中志成的师兄弟配的。志成虽离班多年,很久不唱,但还是熟练到家。我哩,常同李夏恂如曲友演义务戏,杨贵妃这个角色是唱熟的,而且我还把"花繁秾艳……"这一段,编了身段,改为站起来唱做哩!本来都是坐着唱的。我觉得贵妃在明皇面前,不必那么拘束,连唱带做,活泼多了。后来别人也改为立起来演了。

演完戏,宴请宾客,尽欢而散。

想不到,事隔多年,在台湾黯然神伤演"埋玉"。埋的不是扮杨玉

顾传玠,雅观楼。

一九四六年,三连襟在上海。

环的张元和,而是埋了扮唐明皇的顾传玠这块玉啊!!

一九九六年四月元和忆写

(时在美国加州屋仑市)

〔附注〕 顾志成原名时雨,艺名传玠,志成是他离班后求学时自取的名字。

共襄《水》事

四十年代末五十年代初，大姐、四妹相继去了台湾（地区）、美国，顾传玠去世后，大姐也在美国定居。此后几十年我们不但不相往来，甚至有很长一段时间断了音讯。

劫后余生的四姊妹第一次团聚，是一九七九年，"小四黑子"都已成了白发人，三个姐姐更不必说了。短暂的欢聚后再分手，我心中悄悄涌起了一个念头……

二十年代末三十年代初，苏州九如巷的张家，四姐妹组成了一个"水社"，后来几个弟弟不甘落后，也组了一个"九如社"。"水社"有社刊《水》，不光得到沈从文、周耀平（有光）这些"外人"的协助，"九如社"的"同仁"也热心支持，把《水》当成自己的事情，组稿、投稿、编辑、刻版、油印、分页、装钉，两"社"的成员都忙得不亦乐乎。尤其是大弟的好友窦祖麟，分担了许多必不可少的看似琐碎却十分重要的事情，是"水社"真正的无名英雄。水社成员还开风气之先，参加女子自行车、女子游泳、女子篮球甚至女子足球运动。对这些事，有许多人点头，也有许多人摇头，我们根本不管这些，只顾自己开心地做自己想做的事。

一泓清水浸润了近七十年的岁月，使我们每一个人心中都永存一个美美的嫩嫩的池塘，我想让下一代下下一代和我们共享《水》的甘甜清纯。

一九九五年十月二十八日，在《水》的复刊号第一期正式出版时，我向海内外的张氏家族成员发出了一封封约稿信，总印数二十五份，除我们十姊弟或后代外，只给了几个最亲近的朋友。

我是始作俑者，就自封为主编，三妹这个老资格的大编辑我封她副主编。世上最小的杂志、最老的主编，我自鸣得意，自得其乐，自命不凡。但二八（八十八）年华，究竟非复当年，精力不及，一些错漏没能察觉，况且我毕竟没专职做过编辑，办事认真的三妹说我"拆烂污"，我顺水推舟、倚老卖老，从第七期起交副主编张兆和主持，我退居"二线"，可职务不让，还是主编，你看我多么霸道。

《水》秉承当年父亲办学的精神气质，不接受来自任何团体和个人的资助捐赠，我不但是主编，还兼任财务主管和出版发行部负责人。我专门有一本《水》的账目，办刊经费主要来自当年"水社"成员即四姊妹，尤其是在美国的大姐、四妹和七弟，给《水》注入了外资，三妹也处处照顾我这个无收入者，我尽自己的努力量入为出，专款专用，谢绝、退还了几位最要好朋友的资助。相信《水》仍会像几十年前一样，细水长流，滴滴入心头。

《水》的约稿信

亲爱的水社社友们:

《水》的复刊,是在允和二姐的倡议中,在姐夫、嫂嫂、弟妹们以及众多的小辈们的通力合作下,出版了三期。我由衷地高兴!尤其是佩服二姐的热忱和勇气。但我最初总拘泥于我本不是水社的而是九如社的。想当年,四个姐姐和两个哥哥以及他们的好友们如窦祖麟等,组成水社,办得很红火。影响到我们这帮小的——我、四弟、五弟和九如巷中的近邻高奕鼎等,就组成了九如社(那时七弟还小,连九如社都不是)。记得一次两社成员在皇废基乐益女中大操场上踢小皮球友谊赛,两军对垒的情景,历历在目。因而我徘徊于水社之外久之。经过了一年多的思索,终于得出了一个明确的"概念",即:在当年二三十年代时,"水"和"九如"的划分,主要是以年龄为依据的,那么,后来年岁小的长大成人,甚至于老了,就应该顺理成章地都可以是水社成员。况且,我还记起,在抗日战争末期(一九四五年时)《水》也曾复刊过,我还写投过一篇关于我的儿子的《达子的故事》。既然想通了,今天就向大家表表态:在我有生之年,必定竭诚为《水》出力。

《水》复刊已出三期。她原本是家庭内部刊物,不意竟受到社会上一些人的注目。我不由得生出一些感慨。由于我们的爸爸生前在苏州独资办学,以及他的民主作风给社会做出了贡献,给人们留下难忘的印象；以及由于姐兄们在青少年时的爱好文学的活动；也由于复刊，传开来，得到行家的重视和推崇，我觉得我们必须谨慎，努力保持《水》的传统，使她仍旧是一个家庭刊物，是我们大家互相交流文艺和亲密谈心的地方。我家的四位姐夫，不可否认地，他们都各有专长，并且各有其很大的成就，尤其是沈二哥，虽然由于他近三十年来没有继续搞小说、散文等文学创作而影响了诺贝尔奖金的获得，但从他的作品的魅力长存和对后世的影响来说，他在我心目中，仍然是一位不愧于诺贝尔奖金的得主。我们为有这样四位姐夫而自豪，但我们不能掠人之美而以为是自己的荣誉。古人有言云："天地之间，物各有主，苟非吾之所有，虽一毫而莫取。"水社应该有我们家族的传统，我相信我们的后辈们不但在物质上能够做到这一点，并且在荣誉上也能做到。愿我们共勉！

　　允和二姐一再向我约稿，因健康原因未曾顾及。《水》的复刊第四期将在这个春节前出版，理应庆贺新年祝愿大家幸福，但我却总在惦念着已经离世的亲友们和养育我们的干干们。因此，我把六十多年前为充和四姐诗《趁着这黄昏》作的谱子改写了一下，投寄给《水》，用以悼念所有故去的亲友们。

　　亲爱的水社社友们！祝愿你们
新春新禧！万事如意！健康长寿！阖家清吉！

张定和一九九七年一月十九日深夜

我的窦舅舅

沈虎雏

我家的舅舅比铁梅的表叔还多，当然姨也多。

大约七十年前，三个亲姨和妈妈，四姐妹组成的"水社"，比五个亲舅舅的"九如社"实力雄厚一些，因此能率先创办《水》。然而据史料记载，《水》的出版，也有赖于事事热心的窦祖麟舅舅。从刻版、油印，到分页、装钉，都有他不倦的身影。能经常介入这两个社团的活动，提出新奇主意的人，大概唯有窦舅舅。譬如，当时水社成员开风气之先，参加女子自行车、女子游泳、女子篮球，以至于女子足球运动，即使在开明的外公家里，若没有窦舅舅的鼓动、教练、保驾，也难成为事实。

我上学前家住云南龙街。窦舅舅来了，他显得比其他舅舅苍老，眼角有些皱纹，那眼光和皱纹时时含着笑意。妈妈说，打毛衣缺个钩针，他就掏出小刀破竹子，不一会钩针削好了。我惊奇他能用小刀从竹竿上截下一段，他就顺手再截一段，给我削了个竹哨。

他再来龙街时，见孩子们没什么可玩的，就说教我和龙朱哥哥玩跳棋。让我们用泥巴捏了许多像宝塔糖样的棋子去晒干，一部分还裹上旧纸，要用墨染色。窦舅舅自己拿裁衣尺在报纸上比来比去，然后用毛笔靠着裁衣尺画起来。六角星形的网格，在我们注视下一笔一笔奇妙地画成了……他比量时盘算的神气，竭力驾驭毛笔画直线的专注表情，不知为什么牢牢地抓住了我，半个多世纪了，我跳棋还是下不好，但把握好坏工具，动脑动手去处理物质或抽象的材料，把它变成预想的另一种事物，早已成为我生活的重心。做的或是耗资很大的工程，或比钩针更简单，都同样能引我倾心投入。那份盘算和筹划，竭力驾驭过程的专注，以及期待结果时感受着风险的分量，给我的满足往往超过成功带来的快慰。窦舅舅一定料不到，在影响我选择生活道路上，他和一个物理老师不经意间所起的作用，超过了我的父母。

一九七〇年我从"天下已治蜀后治"的四川到沪出差，顿觉时间倒退了两年，所去的部门干部多未解放，批斗会不断，形势仍然"不是小好"。窦舅舅一家人包围着我，昏暗灯光下有说不完的话，直到后半夜，谈到"文革"、"样板"、音乐、钢琴，钢琴自然早就没了。谈到一位女钢琴家，我印象不错的，"她死啦……"窦舅舅望着我低声说……后来又看照片，是用计谋保存下来的一些，看到祖龙舅舅，曾在云南见过的，窦舅舅又望着我低声说："他死啦……"那一夜，这句低沉的话一再突然插进来，他望着我的眼神，至今仍清清楚楚留在记忆里。

从青年到中年，我有机会画过许多图。近年听说，其中一部分被收存起来，作为对年轻设计师进行质量教育的范本。想必是些图面漂亮而规范之作。谁也想不到，能有这些漂亮东西，本源于对一张简陋棋盘产生过程的神往。那些毛笔画的粗糙线条给我的启示，可能远大于"范本"对其他人的作用。我自己珍藏的，却有几张脏脏的设计草图。那是从上海回川后，仍在当铣工时画的。我在信中告诉窦舅舅：没有图板、丁字尺，蹲在机器之间，在一张小凳面上，能画出比例准确的总图，和师傅们一道，再亲手把它做出来，我乐意这么生活，巴不得经过长期修炼，好摘掉小知识分子帽子……他回信却劝我有计划地抓学习。因为我说到本厂有的钳工连个弹簧都做不好，他还寄来一本《手工制弹簧》小书。

我告诉窦舅舅：生产常常停滞，时间是有的。早想自学点日文，资料室借不到教材。他马上回信说，陈信德编的日语自修读本合用，他也只能借别人的看，准备一课一课抄给我。不久，第一课果真就抄来了。谢天谢地，我总算从厂里发掘出一本，才卸下窦舅舅自愿挑的这副担子。每当想到所学那点只堪应付评职称考试，而没有对事业起到更多作用的日语时，总是深感不安。

我和哥哥从小就知道窦舅舅是个共产党，并无神秘感。他和王阿姨结婚时，新房似在昆明火车站附近，去车站的煤渣小路，右边溜墙，墙根常有几个卖使君子的小贩，左边是垃圾渐渐侵吞的脏水田、慈菇田，岔进一条更窄小路就到了新房。床脚附近，有个小火炉顶着一口大锅，正在炖鸡汤，散发出奇特气味，不知是烟煤气，还是鸡的处置不当。别的东西已无印象了。虽受主人挽留，我们没分享那汤，因为实在无处落脚，可能碗也不够……解放后，窦舅舅一家的生活好了些，还听说当了某种领导。他既是老革命，出生入死经历过许多磨难，又懂专业知识，当个官也很自然。可无论是他自己还是我们，谁也没把窦舅舅当作官看待，都没有以级别论贵贱的习惯。他的职位，只模糊听说在慢性萎缩，直到文化大革命，才痛痛快快一落到底。

落实政策时期，窦舅舅过重庆出差，盛夏，特意绕几百里路来自贡看看我们，很有兴致地参观了旧式盐井。我知道他常失眠，夜里他却始终很平静，说烦躁没有用，不如安安静静地闭目休息。我也试着学，还是忍不住打破了静寂：

"窦舅舅，有个问题我想了很久：过去地下工作的革命者，这二十几年，我举不出谁从来没挨过整。您见得多，能举出几个吗？"

"……"

"要不方便就算了，这不该问的。"我有点嗫嚅。

又归沉寂。过了很久，他忽然平静地说："我举不出。"

窦舅舅不姓张，对创办《水》的那代人和他们的后代，一律报以胜似亲人的友爱关怀。其实那热情从来不限于对张家有关的人，在他最后的住院日子里，不能讲话了，还时时想着帮助病友，恰似浓缩地再现出一生的本色：总是在周密细致地为别人设想，即使在逆境中，在自己最痛苦的时候。

为纪念祖麟舅舅逝世十六周年而作

绕地球一周

一九四六年底有光所在的新华银行派他到美国,我把小平送到苏州的弟弟家,在姊妹弟弟们依依不舍的叮咛祝福声中,把小平托付给五弟,离开家园,和有光开始了绕地球一周的遥远的旅程。

别情依依,大姐元和用闺秀体写下了:

　　岁暮还言别　　依依不忍离
　　海行需自重　　握手问归期
　　　　　　　　耀兄　允妹远渡重洋书此赠别
　　　　　　　　志成　元和　岁在丙戌除夕

我们从上海坐美国军舰改成的客轮梅格将军号,途中用了十四天,到达旧金山时正是阴历年三十。我晕船,十几天躺在床上只能靠橘子水和苏打饼干维持。船上的旅客们很活跃,常有自发组织的演出活动,语言学家李方桂的太太徐樱和我们同船,有一天她把我拖起来去唱昆曲,她吹笛子,她的笛子上有个鲜红的坠子,美极了。我唱"原来姹紫嫣红开遍……"真奇怪,十几天没好好进食,我照样唱得很带劲。

一月十三日是有光的生日,船刚好过子午线,他过了两个生日。

从旧金山到纽约,乘坐蓝钢车,是一种带浴室的很豪华的火车。

有光的办公室在百老汇一号十九层四十七号,一九四七,我记得

一九四七年,允和在美国。

很清楚。有光工作很忙,我却没有事可做,初去时对一切都感到新鲜,每天购物逛街,对地铁熟得不得了,四十二街的地铁最乱。那时外国人很看不起中国人,许多中国人模仿他们的打扮。我不服气,我行我素,上街从不穿洋服,只穿旗袍。因为我鼻子高,又能讲英语,常被人误认为是墨西哥人,我大声告诉他们:"NO,我是中国人!"

当时老舍、杨刚都在美国,我们来往很多,记得一九四七年年三十他们在我家吃的年夜饭,我准备的是什锦火锅。老舍风趣幽默,边吃边讲笑话,讲了很多乌龟王八的趣事,最后唱京剧《钓金龟》。大家笑痛了肚子,没有放过我,又是一曲"原来姹紫嫣红……"

有光除了工作,大部分时间都泡在图书馆,纽约公共图书馆专门留给他一间两人合用的房间,任何时间都可以去。他从这时就开始研究语言文字,我也经常到那里帮他整理抄写资料,他写的《汉字改革概论》中的部分资料就是在这里收集的。

一九四八年,有光在美国的工作结束了。我们不约而同地说:"不要原道而返,绕地球一周好不好?""好!"我们一同说出这两个字,心情无比轻松愉快。我们似乎当时就意识到,这是我们一生仅有的一次,两人携手单纯以寻访古迹为目的的旅行。况且我们的目的地是"新中国",等待我们的是全新的生活。

"伊丽莎白皇后号"是当时最豪华的客轮,有七层。来美国的时候,过太平洋,我们坐的是顶蹩脚的"梅格将军号"。回国时,过大西洋,我们乘的是顶豪华的"伊丽莎白皇后号"。

自由女神、哈佛大学、耶鲁、剑桥、牛津、蜡像馆、卢浮宫、艾菲尔铁塔、庞贝古城、金字塔……

美国——英国——法国——意大利——埃及——缅甸——香港——上海……

行万里路读万卷书,凡是有文化的地方我们都要去看看。每到一

一九四八年,张允和在剑桥大学。

一九四八年,允和夫妇在意大利庞贝古城。

地,图书馆、博物馆、美术馆、动物园是我们必去的地方。

上海解放后的第八天,我们乘"盛京轮"经香港回到了上海。杨刚在码头接我们。故土、故人,一切照旧,但我们呼吸到的每一口空气都是新鲜的。我一下子觉得自己年轻了不少,又回到了美好的学生时代,吴淞口、炮台湾,依稀在眼前,我们四姊妹的青春年华和这里有千丝万缕的联系,这座城市在我心中留下了抹不去的印迹。《"盛京轮"的归客》,五十年来一直在我心中萦绕的标题,有生之年我一定写出这篇文章来。

一九五〇年,在上海历史教学研究会。

我是老虎

得　意

解放后，我在上海光华附中教高一的中国历史课，用的教科书是范文澜的《中国通史简编》。我自知肚子里没有多少货，教高中历史是不够资格的，于是拼命地买书、看书，给自己补课。沈从文晓得二姐底子不灵，也支持二姐学习，送了我不少书，现在我的书架上还摆着他当年送的《东洋历史地图》、《东洋文化史大系》等书。

教了一年半书，我开始不满足，脑子欢喜乱转的毛病又犯了。当时上海每区有一个中等学校历史教学研究会，光华附中属北虹口区。在一次会议上，我就教科书中一些问题，如年代不全，许多内容与政治、文学相同，缺乏趣味性等提出了意见。参加会的老师都鼓励我说，提得很好，你写出来吧。我这个人最大的毛病就是喜欢听人家夸我，一高兴，写了两万多字，寄给上海《人民教育》杂志。他们没有登，又把稿子转寄给了北京人民教育出版社。我不知道这些，也很快把这件事忘了。我绕世界转了一周，却还从没有到过北京。一九五一年春节，我带儿子到北京玩，就住在沙滩中老胡同兆和、从文的家里。一天，从文拿着一九五一年二月二十八日的《人民日报》问我："二洁（姐），弟格（这个）张允和是不是妮（你）呀？"我拿过来一看，是一篇公开回答各界人士对历史教科书的质询的文章，占了几乎一整版，标题是《敬答各方面对教科书的批评》。再仔细读过全文，不得了，提到别人的意见不过一两次，却五提张允和，如：

张允和先生在批评我们的"高中中国历史"时说："中国历史上有许多优良的科学、文学、艺术、哲学……高中同学，需要了解自己的历史上文化进展的情况。"这些意见都是正确的。在我们的历史教材中，没有充分以中国历史上伟大事变、伟大人物、伟大创造来具体生动地刻画出中国历史发展的面貌，以激发学生爱国热忱，这是首先应该指出来的观点上的错误。

张允和先生又指出，我们的中学历史教材中对于"历史各民族没有系统的说明"，"讲到各民族的关系，不容易叫人联系得起来"，"在各章节中只说到许多奇怪的民族名字，而没有说出各民族的源流和关系，使读者摸不清头绪，好像这些民族是突然出现的"。

张允和先生指出："历史教科书应以历史事件、人物为主……这样才可以了解社会各方面的进展，不是平面地静止地讲述社会经济状况就能够达到教学目标的。"

张允和先生把"高中中国历史"上册中讲到年代的句子作了一个统计之后说："……一本历史教科书只有三十几处表明年代是不够的。""全书没有用公元纪年作为线索，一会儿公元、一会儿年号、一会儿某帝几年。尤其是春秋战国，公元、周天子几年、鲁史纪年，又有秦宋诸侯的纪年，把春秋战国的年代混淆在一处。"这些意见指出了我们的历史教材的写作方法上的一个严重缺点……

一九五〇年二月二十日，北虹口区中学历史教学会在复兴中学开会。左四为允和。

我大为得意，反反复复地看，把催我吃饭的三妹和沈二哥晾在了一边。

就因为这篇文章，当时任人民教育出版社社长的叶圣陶先生将我推荐给出版社，并很快把我调到了北京。

我只身来到北京，参加了新编历史教科书的编写工作。我为自己四十出头又开始了一个全新的职业生涯高兴得不得了，想尽其所能大干一番。

下　岗

我高兴得太早了，到北京还不到一年时间，"三反五反"开始了，我莫名其妙地成了"老虎"。说我是地主，曾分到过两年租，还说我是反革命，要我写交代。这是解放后的第一次运动，我吓坏了，交上去两万字的"交代"没有通过。紧接着，我的家就被彻底翻了一遍（那时不叫抄家），别的我都不在乎，因为本来我也没什么东西，但最让我难过的是，他们居然把周有光及朋友给我的信都拿走了。这对我的打击太大了，夫妻间的信居然被别人拿去当材料"研究"，简直是一种耻辱，刚刚"得意"过的我被击倒了，甚至觉得整个生活都完结了。

我好动笔，到北京来工作后，常给周有光写信，我们互相信任，夫妇间什么话都讲的。我有一次写信给他，说我收到一个相识了几十年的"小朋友"的信，信中说他已爱了我十九年，你猜这个人是谁？周有光在回信中幽默地一本正经地猜："是 W 君吧？是 H 君吧？那么一定是 C 君了？"就因为这些英文字母，被审查我的人说成是特务的代号，我又有了一顶"特务"帽子。他们要我把所有的字母都改写成名字，写出详细地址，供他们查找。

我含羞蒙辱，无地自容，不吃不喝，也睡不了觉。夫妻间的一点"隐私"都要拿出来示众,还有什么尊严可言呢?我的精神整个垮掉了。原本我的体重就只有八十几斤,两个礼拜又轻了两公斤,只剩了整整八十斤。我的牙床开始不停地出血,到医院一查,是齿槽骨萎缩,医生说如不抓紧医治有很大危险。我以此为理由要求请假回上海治疗,得到批准。行前,我忐忑不安地找到那位主管此事的副社长,口气很谦和但态度很坚决地说:"如果我确实有问题,请处理我。如果没有,请把我爱人的信退还给我。"结果他们把信全部退还了,我接过来时,觉得比火还烫手,烫得我心痛。

我离开了沙滩,离开了北京,临走时不敢回头。

回到上海两个月,我的牙齿拔得只剩了三个,第三个月出版社来函催我回去,我的牙还没装好怎么能回呢?按当时的规定可以请六个月的假,可到了第五个月,我接到出版社的信,告诉我不要再回来了,工资发到十月(六个月的)。我从此没有了工作,解放后的第一次运动我就下岗了。

我这个八十斤重的老虎,只好养在家里了。

焉知非福

"不要再出去做事了,家里的许多事都没有人管,老太太(婆婆)的年纪也大了,需要照顾。"有光向来尊重我自己的选择,他这番话的意思我明白,是想把我从那种愁苦的情绪中拉出来,顺理成章的一句轻松的话,过去的一切不快都淡淡然烟消云散了。

我从此安下心来做标准的家庭妇女,没再拿国家一分钱工资。真正成了一个最平凡的人,也是一个最快乐的人。

有光建议我回苏州散散心,在自己的娘家,在弟弟的精心安排下,我玩得很开心。五弟一家陪我走遍了小时候留下足迹的地方。旧时的曲友欢聚,拍曲按笛,"游园"、"佳期"又回来了,还有什么能比这更快活呢?

再回到上海,我已经完全摆脱了恶劣的情绪,又恢复了原来的我。每星期六请唱花旦的张传芳教我昆曲,我们把"断桥"、"琴挑"、"思凡"、"春香闹学"、"游园"、"佳期"的身段谱一点点搞出来,昆曲于我,由爱好渐渐转变成了事业。我没有完,结缘昆曲,有了一种新生的感觉。

"塞翁失马",时间越长我越体会到这是一种幸运。如果我没有及早下岗,如果"文革"时我还在工作,那我必死无疑,不是自杀就是被整死。

掩口葫芦,当时牙齿已经拔光。

20年代九如巷三号建筑,如今雕栏玉砌已不在。

一九五三年,苏州。允和站在小时候父亲经常带她们来玩的地方。

一九五三年,允和夫妇在苏州怡园。

允和演《佳期》的身段,时为一九五三年。

叶落京城

一九五六年四月,周有光调中国文字改革委员会工作,我随他又一次来到北京。从此落地生根,生命中的另一半留在了这个城市。这个城市的一点一滴变化,每一次的动荡和变革,都在我的生活中留有印记。

我要回上海

事情又巧又不巧,我的脑子又好又不好,安顿好行李,我到沙滩的浴池洗了个痛快澡,一身清爽地回到住处。猛抬头,看到了两块并排的大牌子:"中国文字改革委员会"、"人民教育出版社",我心中一阵慌乱,忙四下张望,"张先生,您怎么在这儿?"正是几年前历史编辑室的工友老韩奇怪地看着我。我顾不上回答,跑回房间,早就忘掉的委屈涌上心头,大哭着对周有光说:"我要走,我要回上海!"周有光已经明白了是怎么回事,他是慢性子,遇到什么事都能沉住气,慢慢地劝我,让我的情绪稳定下来,接受了这种现实。我又在沙滩住了下来,抬头低头都是熟人,认识我的人比认识周有光的人多。我这个失天不足手无缚鸡之力的张家"小二毛",曾经在这里变成了"老虎"。我以为此生不会再到这个地方来,可万万也想不到,才没有几年,我又回到了原地。

我从小养成的习惯不会低着头走路,迎面碰到什么人也不会躲避。现在还是这样,有些人我实在不愿意碰到,可总会有"低头不见抬头见"的时候，我又心里没有鬼，腰杆直直地走过去，我对有光说这叫"无缘对面不相识"。他总是笑笑，从来不问什么人什么事。尽管这样的日子不好过，但硬着头皮照样过去了。没想到这样一过，就是二十五年。

沙滩与后拐棒

这个叫沙滩的地方，没有一粒沙子，也没有"温柔的防浪石堤"，我们在沙滩的住宅是原来的北大旧址，是一所民国初建的小洋楼，据说原来是给德国专家的，也可以算是"名胜古迹"了。但年久失修，很不合适居住。我们的两间半房子后来住了五口人，居住条件当然和"九如巷"、"寿宁弄"不能比，但我们一家人的心地都很宽，时光照样是快乐的。有光还写了篇很有趣味的《新陋室铭》：

> 房间阴暗，更显得窗子明亮。书桌不平，要怪我伏案太勤。门槛破烂，偏多不速之客，地板跳舞，欢迎老友来临。卧室就是厨房，饮食方便；书橱兼作菜橱，菜有书香；喜听邻居的收音机送来的音乐，爱看素不相识的朋友寄来的文章，使尽吃奶气力，挤上电车，借此锻炼筋骨。为打公用电话，出门半里，顺便散步观光。

我虽然终生都怀念童年的美好生活，但这又旧又小的房子照样装满了我们一家人的幸福。这片"沙滩"也是宝贝孙女庆庆（周和庆）童年的乐园，有光幸运地在这里逃过了反右斗争。但是一九六六年的大风浪把这个沙滩搅得翻天覆地，我这个与世无争的家庭妇女，也没能躲得过，这个沙滩上温暖的家四散分开了。一九六九年冬天，有光随单位下放到宁夏的"五七干校",劳动改造"资产阶级思想作风",在那里劳动了两年四个月,没想到在又苦又累的环境里他还能自得其乐。他说:"很苦啊,可是对我的健康很有好处,百治不愈的失眠症居然痊愈了。"他回来没有讲劳动的辛苦,却给我讲了很多有趣味的事情,我印象最深的有两件:劳动磨破了裤子,自己没法补,他就用橡皮胶布贴上,引得全家人哈哈大笑。后来聂绀弩看到了,作诗曰:"人讥后补无完裤,此示先生少俗情。"还有一件是:著名的语言文字学家林汉达先生一直提倡语言大众化,他大有光六岁,在干校时已经七十岁了。他们两位老弱被派去看场院,没人看到时,他们恣意躺倒,仰望长空,又谈论语义大众化的问题。林汉达喃喃自语:"揠苗助长"要改"拔苗助长","揠"字大众不认得。"惩前毖后"不好办,如果改成"以前错了,以后小心"就不是四字成语了。停了一会儿,他问有光:"未亡人"、"遗孀"、"寡妇",哪一种说法好?

"大人物的寡妇叫遗孀,小人物的遗孀叫寡妇。"有光开玩笑地回答。

两个人都大笑起来……

动荡的生活终于结束了,一家三代人都恢复了正常的工作和生活,陆陆续续离开了大名鼎鼎的"沙滩"。一九八五年我们搬到了语言文字委员会分配给有光的新房子,有人叫做"新简易楼房",离沙滩只有两三站地,有一个很古怪的名字"后拐棒胡同"。有光把书房安在朝北的小间,大约不到十个平方。来的朋友们都说他的书房太小,他说:"够了,心宽室自大,室小心乃宽。我是有书无斋,却不在意,我是宁可无斋而有自由,也不要有斋而无自由。"向阳的一间比较大的房子,是家里的客房、客厅,也是我的书房。可是我每天都会侵占到周有光的小书房,和他一同喝茶、喝咖啡,和"不速之客"欢谈。我还强迫他同我讲话,为的是让他停下手中的工作,休息一下头脑。

在后拐棒胡同的家里，我们过上了可能是一生中最定心、安稳的生活。儿子晓平和儿媳在科学院分到了自己的房子，孙女庆庆个子长得好大，两条长长的腿一下子迈出了国门。这里多数时间是"两老无猜"的我们两个人。说是安静，也热闹得不得了。周有光的很多大部头都是在这个小书房的小书桌上完成的，小文章更是多得数不清。来约他写稿子和采访的人总是不断的，来找我的人也很多啊，老朋友新朋友，我们在这里认识了不少年轻人。三妹和沈从文来过，小五弟夫妇来住过，大姐元和、四妹充和妹夫傅汉斯从美国回来都来过。这里不是九如巷，不是寿宁弄，我们姊妹姐弟碰面总会讲起张家旧时种种难过的、快乐的事情，桩桩件件都没有忘记，而这栋楼房也许就是我生命中最后的乐园了。

允和与有光在北京家中。

一九五八年,在北京文联礼堂演出全本《牡丹亭》,允和饰石道姑。

我与曲会

恩师俞平伯

北京有朋友知道我欢喜昆曲,介绍我认识了俞平伯,他是我一生中最后一位老师,是我最尊重的恩师。一九五六年,在俞平伯的倡导下,成立了昆曲研习社,俞平伯任社长,大家看我是从上海来的,认为上海人一般都很会交际,就推举我为联络组组长。"研习社"的名称是俞老倡议并坚决主张定下来的。"研习"就是研究与演习、传习的意思,希望能为昆曲的宣传和普及做一些工作,不同于以往有过的许多曲社只是曲友聚会唱念传统折子、散段举"同期"。有了研究的成分使昆曲研习社成了一个新事物。

当年的《北京晚报》上曾有这样一则消息:

> 北京昆曲研习社,自七月间由俞平伯等人发起组织成立。举俞平伯、项远村、袁敏宣等十一人为社务委员,并成立传习、公演、研究等七组。俟后又经文化部与北京市政府大力扶助,社员由最初二十五人发展至七十人。现已由文化部领导进行研习工作。

曲会的大文章都是俞平伯先生亲自写,我是联络组长,可是也做一些文书的工作,写一些小文章。如编《社讯》、写说明书、写新闻稿、普通来往信电,还有通知、请柬等等。碰到这样的事情,俞先生总是说:"张二姐,你来。"我每次写好都请俞先生过目、修改才发出去。我们每一次演出的说明书,他都要我查明所演戏的朝代、作者,我教过历史,也编过历史教科书,家里的参考书、工具书又多,做这样的工作是没有问题的。万一有个别的查不到作者,就一定要查清朝代,作者姓名标上"无名氏"。

俞老不但是曲社的社长,更是我们亲切的师长。那时我家的前门在朝阳门内南小街,大门的斜对面就是著名的老君堂胡同,俞平伯先生家在胡同路北的一座四合院。一九五六年以后,正是"不识时务"的俞先生成为批红楼梦研究和批胡适的攻击对象,本来文人雅士常聚会的老君堂俞家门前一度归于寂静冷落。而一九五六年八月十九日,北京昆曲研习社在俞老家的老屋召开了成立大会,从那以后,这里成了我三天两头常去的地方。俞老和许宝驯大姐的画眉居和我们的画眉居,相距只有二百多米。许宝驯是俞平伯先生的夫人,可是我们没有一个称她为俞太太或俞师母的,都叫她大姐。宝驯大姐家也是世代书香,她和俞先生一样都是从小就听昆曲、看昆戏。大姐嗓音好,唱得也很有味道,还能填词度曲,就是为曲词配上曲谱,或用传统成曲填上新词。俞先生的嗓子虽不如大姐,但他拍起曲子来,板眼节律准确,神情很是认真,他还喜欢自击檀板,那击板打鼓的样子,让人感动。跟着俞先生和大姐拍曲子真是一种享受。大姐对我们好得很,我一星期最少要去老君堂两次,曲社的社务委员会一般就在老君堂开,会后委员们有时就留下来大吃一顿。我开社务会常是和有光一同去,记得有一次还带上了从贵阳来的大弟宗和。恰巧那天雷雨交加,饭后也没有停的意思,大姐又留我们吃了晚饭。好不容易雨停了,可街上的积水很深,我们急得不得了,大姐说:"急什么,今晚就在我这里将就一晚,好在是夏天。"我们三人睡在沙发和藤椅上,在老君堂恩师家度过了难忘的一夜。

俞老是我的最后一位循循善导的老师,平日里我写的诗和散文也都请先生指教。俞先生说我的散文写得比诗好,他尤其喜欢我的散文《入场》,他说:"张允和的文章结尾悠悠不断的,很有味道。"

我的整个身心都沉浸在昆曲中,笔底自然流露出对生命、自然的热爱。一九六五年的十月三十日,《人民日报》又发表了我的一篇文章"昆曲——江南的枫叶",开头的一段是:

> 北京是"天淡云闲"的秋天,到处开遍了菊花。典型的江南城市——苏州也正是"霜叶红于二月花"的时候了。从南方寄来的信里,附了一份昆曲观摩的节目单,使我不只是怀念我的第二故乡,更怀念着昆剧的群英会。昆剧,这个承继着优良传统的剧种,它像是严霜后的枫叶一样灿烂夺目。

晓平看了我的文章说:"你的文章很有天才,可以写下去!"这好像是父亲对儿子说的话,谁知道是儿子对母亲的夸奖,好笑!

在曲会里,大家都叫我"张二姐",俞先生也随大家这样叫。五十年代末,上面号召我们写现代戏、唱现代戏。我们就响应号召,挖空心思写,我写了一出《人民公社好》,还记得里面有一段是写公社的供销社的,有一句台词是"楼上有绸缎,楼下有葱蒜"。这出戏还演过一次。还有一出是由话剧《岗旗》改编的,俞先生和俞太太做了前半段曲,后半段要我做,我从没做过曲,就大翻曲谱,最后还是由名曲家吴梅的儿子吴南春完成的。

我一生有几次败笔,写样板戏可以算其一,现在想想也很有味道。

我和俞平伯、许宝驯夫妇的友情持续终生。我这里还有一首一九七四年写给莹环大姐的诗:

黄山归来寿莹环大姐[1]

黄山青翠不老松，不畏顽云和疾风，千年挺秀奇石中。
天女花开依莲峰，婀娜清丽傲天工，一香不与凡花同。
流水高山知音有，琴和瑟调两心融。
绝世风姿神秀骨，恬淡心闲气度洪。
耐圃[2]地窄可耐耕，姹紫嫣红碧翠笼。
无圃[3]心田天地阔，胸怀若谷意气雄。
赤脚[4]乡居融融乐，辛劳处处自从容。
白首商量丝与竹，清商一曲曲味浓。
老君堂[5]，君不老，十八年前犹忆阻归雷雨隆。
永安里[6]，里永安，八十年华酒晕荷花[7]交映红。
人得多情人不老，多情到老情更好。
愿年年岁岁此日，人双健，曲音宏，杯不空。
寿比黄山不老松。

牡丹亭梦影双描画

我从小和大姐、四妹逢"场"必唱《游园惊梦》，到了曲会后，我教十一二岁的小孩子还是演这一出。把大姐（柳梦梅）、四妹（杜丽娘）的戏教完了，小丫头没有人演，我来！十一二岁的公子、小姐，却配上

---

1 莹环是俞平伯夫人许宝驯的号。
2 她旧家南窗下有小闱，狭不能转身，名"耐圃"，即以"耐圃"作自己的别号。
3 无圃："文革"浩劫，"耐圃"无存。
4 俞平伯老终年赤脚，下放农村亦然，我们叫他赤脚大仙。
5 "文革"前，俞平伯夫妇旧住北京朝阳门内老君堂。
6 "文革"后，旧家破毁，迁居永安里。
7 莹环姐阴历六月二十七日生，正值荷花盛开时，每饮酒，红晕上腮，与白发相映。

一九五七年，在北京市文联礼堂演出《寄柬》，左起：梁寿萱饰红娘、允和饰琴童、姜宗禔饰张生。

我这样一个快五十岁的"小丫头",不丑吗?不丑,我挺开心的。

排《西厢记》的"寄柬"一折,又因为丑角要讲苏州话,北京票友不会讲苏州话,没有人能演,我说我来。就这样索性改行专门演了"丑"。一九五七年在北京南池子的政协俱乐部,我们第一次演了这出戏。梁寿萱饰红娘,姜宗禔饰张生,我的琴童。沈盘生替我开的白脸,两个丫髻,穿一件蓝布短衣、黑裤子。出场就笑声不断。(我演的琴童这时正藏在桌子下面)

张生:红娘姐,请你帮我带封信。
红娘:你要把"红娘姐"三个字头尾去掉,只叫当中这个字。
张生:难道要叫你"娘"不成?
红娘:不是这么个叫法,要叫"我那嫡嫡亲亲的娘",我才给你带了信去。
张生:(对桌下琴童)不要出来,不许出来!
——我那嫡嫡亲亲的娘——

我从桌下钻出来,钻到红娘和张生的中间,用地地道道的苏白来一句

——还有唔笃个爷(yá)勒里来!(还有你的爸爸在这儿呢!)

全场笑声四起。谢幕后,欧阳予倩院长到后台见了大家,还和我握了手,事后听三弟说,欧阳院长说我的扮相只有十二三。大家都说琴童有趣,自然不俗。

这张照片已被苏州昆曲博物馆放大收藏。

我生得瘦小,又会讲苏州话,虽然总带着安徽味道,结果几乎就成了专门演丑角的专业户,在曲社我先后饰演了四个丑角,除了《西

一九五九年,在京剧院排演场演出《后亲》,周铨庵饰柳氏,允和饰丑丫头,袁敏宣饰韩垧仲。

厢记·寄柬》中的琴童,还有《金不换·守岁》中的书童、《白兔记·出猎》中的王旺和《风筝误·后亲》中的丑丫头。有人不愿意演小丑,我想,戏里总要有一个小丑,戏才更有情趣,昆曲中小丑很美。我演小丑大家喜欢,我就来演吧。一九八五年,浙江昆曲剧院来北京,曲社在中和剧场有演出,《后亲》中的丑丫头曲友们还是希望我来演,我已经演了七次,可这次有光不让我演了。是啊,太老了,七十六岁了。想起来也很好笑,我不但在戏台上常当配角演小丑,在家庭中我也是常年做家庭妇女,我对朋友们开玩笑说:我这一辈子是丫鬟命。

演出《牡丹亭》一直是俞平伯和曲会同志们的最大心愿,但由于清朝以来的文化专制和其他因素的影响,留在舞台上的仅有"游园"、"寻梦"等十几出了。我们选了华粹琛整理编写的本子,由俞平伯亲自订正。校订的缩编全本《牡丹亭》,当时还有《牡丹亭》改编剧本三四个,我们选的是最完整的一个。从改编选定剧本到演出,整整花了三年的时间。我们专门请了上海四位传字辈老师:沈传芷、朱传茗、张传芳、华传浩,经过几十次的排练,有时要排练到晚上十一点。在只有四五分钟一折的《婚走》中，全场四个人，石道姑（我）在船头上，柳梦梅（袁敏宣）和杜丽娘（周铨庵）在船舱中，船夫（樊书培）在船尾，排了上百来遍。华传浩要求很严格，不厌其烦，现场常常很有风趣地指导我们："你们又走到水里去了"，"船又折断了"，"身段不协调，你向东，他向西"。剧中小春香由十三岁的小孩子许宜春扮演，我演的石道姑的戏不多，可要打个"引子"，虽说是"一曲二白三引子"，但因为没有伴奏，引子很不好打，稍不留意就可能荒腔走板。"引子"要女低音，而我平时唱惯了女高音，只要有伴奏，笛子多高我多高。我天生有个不怕难的脾气，反反复复地练，总算成功了。曲会的《牡丹亭》常在王府井的文联大楼演出。一九五九年十月在长安大戏院庆祝建国十周年纪念公演，连续三晚。场场客满，有的是一家三代同来观看。一九五九年的十月八日，是个好日子，在天安门广场上刚建好的人民大会堂举行了一次大的招待宴会，这是一次不平凡的宴会，五百多桌客人都是参加国庆汇演的全国戏剧团体，北京昆曲研习社是参加宴会的唯一的业余戏剧团体。我们曲社参加宴会的是俞平伯社长和我这个联络组长，俞先生出席宴会总是捎带了我。

我又要演戏又要当好联络组长，忙得很。周恩来总理很关心曲社，也很爱看昆曲。总理每次来，都没有前呼后拥的随从，静悄悄地当一名普通的观众。但我只要知道总理要来，定把前几排和总理的座位四周都安排好熟识、可靠的人。

康生有时也来看我们的演出。

这是我当年的一页日记：

1957—11—03

昨晚我和耀平（有光）、晓平、诗秀（儿媳）一同步行回家，还是十二分的兴奋。大家谈得很迟才睡。坐在耀平身后的南斯拉

周恩来看曲会演出,小演员到台下与周总理握手。(一九五八年,北京)

夫领事馆的洋人,跟耀平说"守岁"的两个角色是好演员。又说我说的是南方话。

　　昨晚小宜春戏完,到好婆(周有光母亲)身边去,好婆坐在第三排看我们的戏,位子在周总理的前面,周总理跟小宜春握手,谈了很多。总理问她,"几岁了?""十三岁。"又问:"小学几年级?""中学。"周总理奇怪地问:"这样小就是中学了?""不,刚进中学。"又问:"哪里人?""无锡,你呢?""我是淮安。""那做爷爷的是你的爸爸?""不是,是我真正的爷爷,七十多岁了!""那你爸爸呢?""是画家。"
　　……

　　一九五六年成立的昆曲研习社,到一九六四年停止了活动。八年间,举行了一百多次同期和公期。我是个"家庭妇女",虽然刚一解放就领教了"运动"的厉害,但对政治风云还是不敏感,只觉得研习社停办很可惜,很久以后才明白俞老做这个决定的意义。幸而停止了活动,不然不晓得会遭遇到一些什么样的事情。但哪里知道一停就是十五年,这十几年里我的家庭和曲友们一样跌跌撞撞,暴风骤雨。有的曲友自缢身亡,先师吴梅先生的四公子吴南青竟然活活被打死了,才六十岁呀!他是著名的曲师,我们的好曲友,还曾经把其父"奢摩他室"的全部戏曲藏书、文献近五千卷捐赠给北京图书馆,受到过表扬。我想打听他的情况,曲友们劝我,不要讲了,太悲惨了。

到了一九七九年,劫后余生的曲友们又想到了恢复曲社。这一年的七月,有五十八位曲友联名写信,希望俞平伯先生能领导恢复昆曲研习社,签名的曲友中有章元善、叶圣陶等老曲友。

经过酝酿、审批、筹备和许多琐琐碎碎的事情,一九七九年十月十一日,曲社在停办十五年后,第一次恢复了活动。大家多么希望还是由俞老来做社长,可俞老始终婉辞,只答应依然尽力协助。此时俞老已年临八十,大家体谅、尊重他,我被选为社长,这一年我也整整七十岁了。我时时刻刻告诫自己,要一点一滴地向老社长俞平伯先生学习,为自己毕生热爱的昆曲再尽一分力。

曲终人不散

一九七九年我七十岁生日的时候,周有光送了我一套《汤显祖全集》。他真是懂我的心思,这一年《牡丹亭》近三百八十岁了,我从不大识字就"读"起,至今对《牡丹亭》百读不厌。

一九八四年十月十日,我和有光乘飞机到美国探亲,距离我们上一次"绕地球一周"已经过去了三十八年。有光这次是应美国《大不列颠百科全书》的邀请去访问,我是真正的探亲,探望我的元和大姐和四妹夫妇。

在美国四个月，有光访问了十一个城市，六所大学和联合国。我就在奥克兰的大姐家和哈姆登的四妹家，我和大姐阔别三十年了，有讲不完的家事曲事。在四妹家，我们两个在楼下的饭厅常常谈到凌晨一两点钟。我们在一起回忆起我们的爸爸，讲起了顾传玠的许多事情，还有很多时间一同听录音、看录像，当然都是昆曲的。大姐的记性顶好，讲起当年父亲请尤彩云教我们昆曲和身段时，大姐十四岁，我十二岁。讲起父亲带着我们姐妹乘小船跟在走江湖的传习所唱班后面到处看戏的有趣情景。讲起一九三六年她在苏州九如巷家中学昆曲小生身段，在昆山大火后与许振寰义演《红梨记·亭会》，顾传玠当时已山金人毕业，也来看戏还客串《见娘》《惊变》，后来被大弟宗和、二弟寅和左一拳右一拳"大打出手"打得出来唱《吟诗》《脱靴》。

物是人非，我们真想不到鬓发如雪时会聚在离九如巷千万里的异国他乡再谈往事，也想不到大家对昆曲的热爱一点没有变。

为了留下身段资料，我们还拍了许多彩妆的照片，元和大姐替我化妆，很认真地按照戏曲化妆的工序：

洗脸

轻轻擦点油

打粉底：耳下部、前下巴、颈

打红：眉下深，脸渐淡

画眉：自画眉时，左手扶太阳穴，右手画。年轻人画得深大，年长人画得细些。我的眉头常是皱的，大姐比我好。

画眼圈：画上闭眼，画下睁眼

擦口红

蔻丹手指

大姐替我化好妆后，再给自己化。她还是像小时一样慢条斯理的，我呆呆地看着，梨花镜中容颜不再，但现在的大姐美得更有韵味。我们再贴起大贴片，带上软头面，整整用了半天时间，两个彩妆的老太太拍起身段还多是当年尤彩云教的。唯一的小姐蹲"明如剪"，标准的"烟波画船"，这出《游园》六十多年前我们姊妹合演过，如今粉脂彩衣扮上依旧是一对姊妹花。

在美国我们还搞了几次同期，有时在汉思和四妹家。四妹唱《寻梦》"花花草草……生生死死"，我则老泪滂沱，想到了大弟的"淅淅零零"曲。不晓得为什么，这次我在大姐、四妹身边，哭泪何其多也，几十年的往事都回到脑中，好像失去的东西找到了，眼泪是欢喜的表现，乐极生悲。

一九八五年二月十二日，我和有光回到北京沙滩的家。休息了一天，就有曲友来谈曲社的事。正逢春节前后，家事曲事，千头万绪，百事待理，我又开始了新的忙碌。

改革开放以后，人们的文化生活越来越丰富，本来就家喻户晓的"莎士比亚"又从国外回来了。这当然是好事，可我的脑筋又开始乱转：我们的汤老（显祖）比沙翁还要大十四岁，长幼有序，不能忘了中国戏剧的老祖宗。我的脑筋乱转一番之后就一定会有行动，动手给我的朋友、大百科的姜椿芳写信，提议纪念汤显祖，演出他的名剧《牡丹亭》。姜椿芳把信转给了文化部，文化部很快有了批示，一九八五年，是很忙也很有成就的一年。准备了很久的纪念已故"传"字辈艺术家的专场演出进行得很顺利，上昆、浙昆和许多传字辈名家都来了。我虽然不上台，但比演员还紧张。忙台前台后，接待、筹备、参加座谈会，还要写文章，不亦乐乎。一次演出就是一场战斗，尤其是初次上台的青年演员，怕她们在台上唱的不一定出师，我在台下手攥得紧紧的，一手心全是汗。演出时大家常常来不及吃饭，我的备忘录中还有提醒自己带上"面包、肉、蛋、茶叶、糖"，这些总是一扫而空。朱家溍先生说："张二姐肉很好吃。"我说："我这么瘦还要吃我的肉？"大家都开心地笑了。晚上我还要想着第二天的事，有几次都是只睡三四个小时。演出时有几天有光正好到日本访问，没有人敢管我了！

浙昆汪世瑜是名家周传瑛的弟子，他在《拾叫》中演的柳梦梅书卷气十足，出场的一句引子"惊春谁似我"婉转跌宕，一下子就抓住了观众，场子里是那么安静。最后三声"小娘子、姐姐、我那嫡嫡亲亲的姐姐……"一句比一句缠绵、亲热。幕落下来，在几次谢幕的掌声中，我的泪水把老花镜都润湿了，真是伤心又欢喜。伤心的是想起我的姐夫顾传玠离开我们整整二十年了；欢喜的是传玠的精湛艺术没有失传，世瑜的表演在身段上更进一步，更细致，更优美。我到后台紧握着世瑜的手替他擦额上的汗水，猛然间看到他的笑涡，多么像传玠"我那嫡嫡亲亲"的姐夫的笑涡。

一九八六年，在北京举办纪念汤显祖逝世三百七十周年的大型昆曲演出在北京举行。全国各地和国外的许多曲友都赶来参加，最让我高兴的是远在美国的大姐和四妹都回来了。

大姐又演柳梦梅，四妹再演杜丽娘，我虽没有上场，可比粉墨登台心里还痛快，还过瘾。俞平伯说这张照片是"最蕴藉的一张"，除了大姐、四妹的表情身段外，可能还有更多的含义。这时的大姐快八十岁了。

一九八七年，我走下了北京昆曲研习社的"领导岗位"，被聘请当上了"曲社顾问"，快八十岁了，我觉得名头越来越大了。

我的昆曲生涯，准确地说，是昆曲舞台生涯，也有个悠悠不断的结尾——

我演最后一场戏时，我的第三代，小平的独生女——小庆庆出生不到一个月，当她能够这样"手托香腮想未来"的时候，一定在想：

杜丽娘复活了，未来是美好的。

元和舞剑。

充和饰春香,元和饰丽娘,共演《游园》。

一九八〇年,元和与充和演出《惊梦》,俞平伯评价说这是"最蕴藉的一张"照片。

后 话

魂兮归来，我的照片！

以上是我六岁（一九一五年）到五十岁（一九五九年）四十四年中的一些照片。这是能够收集到的照片，不到原有总数的十分之一。

最最美好的和最最悲惨的照片，都没有保留下来。保留下来的都是不足道的照片。

我的照片，今天难于招魂的旧照片，是在四次天灾人祸中失去的。

第一次（一九三〇年），当时我读书的上海光华大学女生宿舍失火，把我的老伴周有光年轻时候给我的情书和照片都火化了。

第二次（一九三七年），抗日战争开始，我举家逃难，从上海的小家庭和苏州的老家，逃到后方的四川，所有东西都封存起来，一件也不带去。家私、什物、书籍、信件，还有可贵的许多照片，统统留在苏州老家。起初以为一两年就能够回乡，想不到一去八年，归来荡然无存。

第三次（一九三九年），重庆大轰炸。我手头的书信和照片，以及我心爱的物件，例如我结婚时候的一条玫瑰红的绸被子，都储藏在重庆上清寺最坚固的防空洞内。日军一个炸弹，正好炸在这个防空洞上。重庆多雨，一个月之后才挖掘出来，我的所有东西，包括照片，全部遇难，化为灰烬。被子上长出了长长的菌子。只有一双长统胶皮鞋完好如故。

第四次（一九六六年），文化大革命。这时候，掀起一股可怕的赤色恐怖气焰，在北京沙滩的"公主第大院"中，家家奉命自己"破四旧"。什么是"四旧"呢？当然是旧首饰、旧书籍、旧文凭、旧奖状、旧照片等等。已经有人为了旧照片而被斗争了。我一家也就快快自己撕毁旧照片。接着，青壮年一个个下放"五七干校"，我一个老太婆带领一个小孙女留在北京，不敢住在家中，暂时借住到朋友家，等到回来原处，房屋已经大半被造反派占领，屋中什物，包括照片，其中有我在伊丽沙白皇后号邮轮上的照片，全部不知去向了。

现在，我很懊悔。我神经太紧张了，没有像保护小孙女那样保护好我的照片。可是，它们至今留在我的记忆中，永远是我心中的宝贝。永远，永远！

一九九八年八月二十五日
时年九十岁

后 记

叶稚珊

十年，十多年过去了，再提起《张家旧事》，我有点说不出道不明的复杂心理。九十年代，初版的过程时时处处充满清新、欣喜。那时候这样的书不多，自己也忙于工作、生计，没有写书的计划。不过是得空愿意写点小文章，不过是有条件有机会常和自己有兴趣的老人们接触，和周老、张允和先生的往来，也不过是因为喜欢，像张先生说的，我们很谈得来，玩得来，高兴得不得了。张先生反反复复地讲，我不厌其烦地听，就为了她欢喜讲，我喜欢听。如果开始就一味地为了出书，哪里会用得着那样一周几次地去，没有主题没有设计地闲聊说笑。只是偶然让汪家明先生碰见，得他点化，成了一本小书，受到一些人的喜欢，一版再版。

现在的情况完全不同了，张家、张家四姊妹、周有光老先生都成了炙手可热的被媒体追逐的对象，涉及到他们的家庭和家族的书林林总总数不清楚。我只看到一部分，很用心的有，下了很大工夫，用工数年，采访查阅，不事喧闹，扎扎实实的。但很多是东挪西凑拼装的，翻看目录就似曾相识，再看几页，心里就很不舒服。周老、张家人以及他们的后人，安静、淡然、仁厚，从来不说什么。我有时看到十几年前写的文章和《张家旧事》的内容被变着花样挪用，难免气恼。但在周老面前坐坐，听听他讲的时事，便觉清风如许，心无挂碍，想着，有什么好计较呢？风如此，风车总会转，多少的聪明人会好风凭借力，又能如何呢？自己是《堂吉诃德》里的桑丘吗？笑笑，随他们去了。

跟风，炒作，我很怕这样的事情落到我头上，不但毁我的名誉，还会连累周老和张家，对出版社也不好。时过十四年，《张家旧事》重出了。此番出版，几篇文章近年几乎所有有关张家的书中都有，就删去了，但有一些同样到处都有的文章，拿掉又影响整本书的完整性，留下了。文字做了一些调整改动，略有增加。当年和张先生对话的十几盘录音带，以为保存得好好的，年久，竟很多"失声"了。汪家明嘱咐我，千万不要再用录音机听，交给专业人员可以修复的。我翻出当年和张先生谈话的部分笔记，潦草得很，一点点整理出来，就是略有改动增加的部分。现在整理文字的心情和当年必然会是不一样的，明显地没有了那时的愉悦兴奋，沉静中还是留有抹不掉的感伤。不是像张允和先生刚去世时那种浓烈的悲伤，因为允和先生仙逝后半年，又半年，三妹张兆和、大姐张元和就不依着出生时的顺序紧挨着都走了，几乎一同走的还有四妹夫傅汉思。而这本小书初版的时候，她们、他们都还健在，允和先生一次次地一批批地买书，送不完也送，亲戚、朋友，近九十岁老人的处女作带给她的快乐，让我的心里很安慰。如今，北京有一〇八岁的周有光，耶鲁有百岁的张充和，四姊妹的四个幸福之家，只有这个张家二姐夫和张家四妹了。他们的风光，他们的垂老，家族的盛大、衰落，几乎演绎了一个时代的风云，一代书香门第远去的背影……再想到叶圣陶老人当年关于娶到哪个都幸福一辈子的话，心里却有些痛楚地想：幸福一辈子，也只是一辈子，下辈子到哪里再去找这样的张家十姊弟，这样的"张家旧事"？

文字好办些，最伤脑筋的是照片。当年，和汪家明一起精心挑选的照片，用后完璧奉还，谁知周老和允和老人对人对事都是不设防的，照片更是谁愿意用就拿去好了。到如今相册中留下更多的是曾经放过照片的印痕。我几次后悔不迭地想，当初要是我也不还就好了。当然，我不会。

苏州狭长的"九如巷"还在，九如巷那个在民国历史和近代文化史上有名的大宅院只被保留了小小的一部分，九十五岁的张寰和先生一家住在这里。今年五月，我和几个朋友专程去看望老人，好难找的窄巷子，坐车在不大的苏州兜来兜去，其实就在离我们住处不远的地方。那台阶上窄小的门，应该是原来的边门、后门、侧门。院子里那棵见证了"张家旧事"的无花果树茂盛葱绿，又结出了今年小小的果实。那口被井绳勒出深深印痕的老井安安静静在那里，小院有些杂乱，但自然安静，简单的石板小径通到房间，任何地方都可以看出没有人精心梳理装扮。午后苏州窄巷子里一个再普通不过的院落，走进去便懂得了什么是"岁月沉香"。

上世纪七十年代，周有光、张允和夫妇，沈从文、张兆和夫妇带着子女和张家的亲友，几次来这非复当年的九如巷张宅住过，当然是没有了几进院落和厅堂绣楼。能容下十姊弟和父母，能容下几十个仆佣、奶妈、干干的张家大宅，却住不下两三家张家后人，只好几家人拆分后住进"男女宿舍"，还要打地铺。这时候的沈从文先生早就不穿长衫了，旧的中山装和布帽子，在湖北"五七干校"务农晒的皮肤有如湘西的兵伢子一般颜色，却依旧是乡音和那有些腼腆的笑。他走在这窄巷子里被阳光拉长的身影，已经完全没有了当年的样子——那个羞涩地、怯怯地敲开院门求见三小姐的长衫书生；而那个"正当好年华的人"还在他身边，已经华发满头。

小二毛张允和除了面庞还依稀可见当年的秀美，服饰做派都变了，斜背着一个小包，也像是刚从"广阔天地"锻炼回来。

这些，我都只是从照片上看到的。到现在，能想象他们一起走在这窄巷的场景已经是奢侈了。

几年前张充和的书画展在苏州，九十高龄的海外客不住宾馆，挤进了小五弟的家。有趣的是有媒体记者追来采访，事先功课做得不足，张口就问：张允和先生在吗？充和从容地回答：张允和已经去世了。记者悻悻然一步三回头不情愿地走了。充和颇为得意。

百岁的张充和不大可能再回到这里了，狭窄的九如巷永不会再有这些人的身影。

寰和夫人八十五岁的周孝华干练文雅，面相极年轻，丝毫不像这样年龄的人。她事先问清了我们同行的人数，一进门，茶几上已经有六个玻璃碗中盛满了六份切好的西瓜小块，各插上了签子。让人一下子就想起了当年每次去周老、允和先生家的情景。

张家十姊弟有九个是同父同母，其中最小的一个就是小五弟张寰和，也就是允和先生到老年还口口声声叫着的"亲爱的小五狗"。寰和先生听力不佳，我们的对话要借助一个我不大看得明白的扩音设备，可能是孩子为他自制的。寰和先生自幼受父亲影响爱好摄影，当今出版的有关张家的书籍刊物中的照片，大多出自他的整理收藏。

十姊弟各有成就，不管名字里是有宝盖头还是有两条腿的，九个离开苏州纷飞各处。只有寰和承继父业接任乐益女子中学校长，一直没有离开九如巷。乐益女中原与张家宅院连成一片，大约有二十多亩地。解放后，张家捐出学校，而张家私宅却也逐渐被蚕食占用了大半。张家子弟原本也都有"不以物喜"的天性，只是上世纪八十年代某位中央领导来苏州视察，一句："这房子太破了，拆了重建！"推倒了张宅和苏州城里很多原有的老建筑。这是张家人的真正伤心之处。

因为张寰和一家的坚持，为他们留了这几间老房子。这是祖上的产业，有永久的居住权。直到现在，房屋产权证上还是十姊弟的十个名字，办理产权证的工作人员都嫌麻烦，但张寰和始终坚持。不管多小，这里都是张家"和"字辈带着宝盖头的家，四姊妹的两条腿不管走多远，心里都会装着这个九如巷的家。十姊弟的名字在一起，才是从合肥迁来完整的苏州张家，才会留下绵延一个多世纪的光华。

　　力所能及保留下的一草一木都带着十个人、十个家庭温暖幸福的记忆，都还在吸引着无数知道、敬重张家人的目光。小五弟守在这里，九十五岁了。

　　《张家旧事》再版照片并不多，也不全，无论如何是遗憾。但遗憾无处不在，战乱、运动，照片被洗劫了很多次，岂止是一个张家。最弥足珍贵的照片也许永久地消失了，也许还在某一处安静地躲着。就让那些场景停留在记忆里，想象中，有一天，它们如果能再出现，会带给读者又一次惊喜。

张允和年谱简编[1]

1909年7月25日　生于合肥龙门巷。

1911年　移家上海认方块字。

1917年　移家苏州寿宁弄，上家塾。

1921年　母亲去世。

1922年　入父亲办的乐益女中。

1925年　入南京第一师范。

1927年　入中国公学。

1929年　转学光华大学。

1932年　借读杭州之江大学，同年回光华毕业。

1933年　与周有光（耀平）结婚，去日本。

1934年　回上海生晓平。

1935年　在光华实验中学教书，生小禾。

1936年　移家苏州。

1937年　卢沟桥事变，七月逃难在镇江演出。

1937年～1946年　避难于苏州、芜湖、台肥、官亭、圩子、汉口、重庆（1941年小禾病，患盲肠炎去世）、成都、宜宾、江安、南溪、西安等地。

---

[1] 此年谱1996年前是允和自撰，之后由《水》编辑部补增。

1947～1949年　去美国、英国、法国、意大利等地。

1956～1964年　退职，参加北京昆曲研习社。

1969年　"文化大革命"中有光下放去宁夏，儿与媳也下放，允和与孙女留京。

1972年　有光回北京。

1976年　恢复北京昆曲研习社，任主委。

1996年　倡议恢复六十六年前家庭刊物《水》，1996年至2000年任主编，2000年交给五弟寰和编辑。

1998年9月　与有光合著《多情人不老》，江苏文艺出版社出版。

1999年6月　允和著《最后的闺秀》，生活·读书·新知三联书店出版。

1999年6月　允和口述叶稚珊编写《张家旧事》，山东画报出版社出版。

2002年8月14日晚8时　在北京因心脏病抢救无效安然去世，享年93岁。